华夏行者 · 畅游世界

AMERICA GUIDE

《畅游美国》编辑部 编著

畅游美国 就这本最棒！

華夏出版社
HUAXIA PUBLISHING HOUSE

目录 CONTENTS

畅游美国 AMERICA

11 波士顿 146

12 佛罗里达 166

Hop Louie
MANDARIN SEAFOOD
CANTONESE BANQUETS
COCKTAILS
Hop Louie

15 好莱坞 218

16 旧金山 226

出游需要个好帮手

《畅游世界》系列图书即将付梓，编者嘱我写序。我曾经从事旅游出版工作十余年，对旅游图书有些感觉，在这里谈一点感言，权作交差吧。

人生数十载，不外乎上学、工作、生活三部分内容。上学和工作乐趣不多，压力不少；只有生活（上学和工作之外）能够品尝出些许味道。而这其中，最有意思、最令人向往、最能给人带来欢乐与回味的生活方式便是旅游，尤其对于当今生活节奏快、成本高，工作压力大、收入低，人口密度高、服务差，整天像牛马一样机械地干活的都市人来说，旅游是一副综合的良药，虽不能说包治百病，却是良效多多。记得哲人歌德说过：“大自然是一部伟大的书。”而旅游就是阅读这部大书最为轻松愉悦的方式。一次短暂的旅游，可以使心灵得到长时间的安宁与抚慰；一次遥远的旅游，可以领悟人生的坎坷，体验生命的精彩；一次艰辛的旅游，留下的是难忘的记忆；一次快乐的旅游，带来的更是值得珍藏的财富。总之，旅游陶冶人的情操，愉悦人的身心，给人的生活带来无尽的希望与力量。

一次成功的旅游，需要做好三个阶段的工作：行前准备、途中指引、归来总结，而一本好的旅游指南书都能帮您搞定。虽然说现今的网络发达时代，利用各种固定的、移动的电子设备，可以查询相关旅游信息，方便快捷，但我对这些东西其实并不感冒，起码目前是这样，因为网上的信息东拼西凑、复制粘贴的太多，新兴的数字出版领域从行规建设、人员素质、质量控制等等诸多方面，要比已经发展了近百年的传统纸质图书行业稀松得多，可信度自然也就大打了折扣。数字出版物要想俘住广大读者的心，还有很长的路要走。所以，我建议出游的人们目前携带一本精要实用的纸质旅游指南书，还是明智的选择。

书店的旅游指南销售柜台已经摆满了花花绿绿的多家产品，各有优劣，读者尽可随意挑选。如果要我做个推荐，我自然要首推华夏出版社的“华夏行者——《畅游世界》”系列。这是一套为旅游爱好者量身定制的旅游指南书，通篇贯穿着一个宗旨，那就是让旅游者“畅”，食住行游购娱一路顺畅，惊喜快乐。书中对目的地的地理、气候、人文、区划、交通等作了详尽的介绍，还对当地的旅游热点、风味美食、平民餐馆、伴手好礼以及购物佳地等都进行了精选归纳和说明，最重要的还是本书精心设计的几天几夜游，它对于那些没时间计划或不会计划的忙人或懒人来说，很是管用，让您无需计划，拎起本书即可坦然上路。至于它是否具备优秀旅游指南的各项要素，诸如全面性、准确性、实用性、针对性、时效性、美观性等等，我便不再废话，说多了有“王婆卖瓜，自卖自夸”嫌疑，读者用过了，自然便有了答案。

仁者乐山，智者乐水。对于热爱生活的人们来说，旅游的步伐，从来都是风雨无阻，愿携带《畅游美国》出行的人们，畅来畅往，快乐安康。

华夏出版社社长、总编辑

LOOK!美国!

1 概况

美国全称美利坚合众国，其幅员辽阔，18世纪独立至今已经从最初的13个州发展成现今的50个州和哥伦比亚特区，是全世界经济最发达的现代化国家。美国的自然景观丰富多彩，黄石公园、科罗拉多大峡谷、五大湖、尼亚加拉瀑布、北美最高峰麦金利山都令游人印象深刻，而位于太平洋的夏威夷群岛更是全球闻名的度假胜地，其宛如天堂的蓝天大海吸引了无数游人光顾。

2 地理

美国地处北美洲中部，其领土还包括北美洲西北部的阿拉斯加和太平洋中部的夏威夷群岛，总面积9372614平方千米。美国东部毗邻大西洋，西临太平洋，全国海岸线长达22680千米。境内森林资源丰富，湖泊众多，全国最低点为海拔-86米的死谷，最高点是海拔6194米的北美最高峰麦金利山。

3 气候

美国幅员辽阔，其国土地跨寒、温、热三带，全世界几乎所有的气候类型都可以在美国找到。其中美国本土大部分地区属于温带大陆性气候，南部属亚热带气候，西部属沿海地区气候，中央大平原温差很大。

4 区划

美国为联邦制国家，由亚拉巴马州、阿拉斯加州、亚利桑那州、阿肯色州、加利福尼亚州、科罗拉多州、康涅狄格州、特拉华州、佛罗里达州、佐治亚州、爱达荷州、伊利诺伊州、印第安纳州、艾奥瓦州、堪萨斯州、肯塔基州、路易斯安那州、缅因州、马里兰州、马萨诸塞州、密歇根州、明尼苏达州、密西西比州、密苏里州、蒙大拿州、内布拉斯加州、内华达州、纽约州、新罕布什尔州、新泽西州、新墨西哥州、北卡罗来纳州、南卡罗来纳州、北达科他州、南达科他州、俄亥俄州、俄克拉何马州、俄勒冈州、宾夕法尼亚州、罗得岛州、田纳西州、得克萨斯州、犹他州、佛蒙特州、弗吉尼亚州、华盛顿州、西弗吉尼亚州、威斯康星州、怀俄明州、夏威夷州共50个州和哥伦比亚特区组成。

5 人口及国花

美国人口30583万，国花为玫瑰。

美国面孔！

NO.1 好莱坞

好莱坞是世界最大的电影之城，是无数人心目中的梦工场。它坐落于洛杉矶郊外，从老远就能看到山上竖立着的巨大的好莱坞大字“HOLLYWOOD”，这也是洛杉矶最著名的标志之一。200年前，这里不过是一座小城，随着电影娱乐业的蓬勃发展，如今已经是世界电影之都。每年这里都会出品近百部大片，其火爆的视觉效果和绚烂的特技特效都引人入胜。在这里不仅有数十家各式影院，还有最闪亮的星光大道。

NO.2 拉斯维加斯

拉斯维加斯是美国纸醉金迷的奢华生活的绝佳体现，这里从一座围绕在沙漠中的绿洲小城起步，以博彩业和娱乐业为中心，最终发展成世界知名的“赌城”。在这里随处可见闪烁的霓虹灯、奢华的酒店、人声鼎沸的赌场、灯红酒绿的舞厅酒吧，到处都是沉醉于现代生活中的男男女女。

NO.3 白宫

位于华盛顿市中心的白宫是美国总统官邸和办公室所在地，这里可以说是美国政治最核心的地方。这座建筑始建于1792年，因为通体刷有白色油漆，所以称作“白宫”。这里自从成为总统办公室和官邸以来，发出过无数改变世界和历史进程的政令，是美国最重要也最神秘的地方。白宫主要分三层，有外交接待大厅、图书室、地图室、瓷器室、金银器室和白宫管理人员办公室等部分。其中外交接待大厅也称椭圆大厅，是总统接见外国政要的地方，也是白宫中最核心的部分。

NO.4 自由女神像

自由女神像是美国的象征，它自从1876年远渡重洋自法国来到美国以后，100多年间一直静静地矗立在纽约港。这座女神像是由钢铁支架包裹着铜皮所建成，连同基座高93米，重225吨，是现代工业发展的体现。女神一副古希腊打扮，头戴一顶冠冕，冠冕上发出七道光芒，象征着世界七大洲。她手持一本写着“1776年7月4日”的典籍和象征自由的火炬，这正是美国独立的时间。女神脚下是打碎的手铐、脚镣和锁链，象征着美国人民摆脱殖民统治，争取到了自由。

NO.5 曼哈顿

曼哈顿是位于纽约市中心的一个岛屿，地处哈得孙河与东河之间。这里拥有纽约最主要的商业、贸易、金融、保险公司，可以说是纽约最富有的地区。这里拥有世界上最著名的金融街华尔街，有包括帝国大厦、洛克菲勒中心、克莱斯勒大厦等在内的摩天大楼，联合国总部、百老汇、中央公园、大都会歌剧院也都集中在曼哈顿。可以说这里浓缩了纽约市最繁华的部分，是整个纽约最黄金的地区。

NO.6 华尔街

华尔街是位于纽约曼哈顿南部的一条街道，这条街全长1.54千米，宽不过11米，两侧十分狭窄，所以从一开始就被称作“墙街”。不过这里却是全美国最重要的金融和经济中心，无数人在华尔街为了他们的美国梦而奋斗，就像矗立在街口的铜牛一般永远奋进。

NO.7 NBA

NBA是美国国家篮球协会的简称，是美国最著名的四大职业体育联赛之一。NBA创办于1946年，60多年来它已经发展成世界最高水平的篮球联赛，是全世界篮球运动员和篮球迷们心驰神往的篮球圣殿。在这里曾经诞生了乔丹、科比、姚明等世界级的篮球巨星，上演了一场场惊心动魄而又富有戏剧性的比赛。如今拥有30支球队的NBA一年要进行上千场比赛，吸引了全世界拥趸们和它一起痴狂。

NO.8 迪士尼乐园

迪士尼乐园是享誉世界的主题乐园，最初是由沃尔特·迪士尼公司在1955年于洛杉矶创办的，现在在美国佛罗里达州、法国巴黎、日本东京和中国香港4处地方也建有迪士尼乐园。这里主要以迪士尼公司引以为豪的各个卡通人物为主角，营造出动画中所描绘的它们的生活环境，并将各种现代化娱乐设施融入这卡通世界之中。自建成以来，这里一直都是孩子们的天堂，让人眼花缭乱、乐不思蜀。

NO.9 百老汇

百老汇是美国纽约一条主要干道，它南北纵贯曼哈顿岛，在路两侧分布着很多剧院，是美国音乐剧和舞台剧的发祥地与推广中心，也成了美国戏剧的代名词。至今世界上还没有一条道路能像百老汇这样充满艺术气息和各种巧思，每天这里都会上演各种戏剧、歌剧、话剧、音乐剧等。演员们使用他们夸张的肢体语言或是高亢的歌喉向每一位观众传达着剧情所要表现的内涵，同时他们的服装、舞台灯光和布景等无一不是经典，这些合起来便将百老汇多元化的艺术风格完全展现了出来。

NO.10 夏威夷

夏威夷是美国第50个州，居于浩瀚的太平洋上，首府位于檀香山。同时夏威夷也是美国最著名的旅游胜地，是旅游业最发达的地区。在这里有炽热的火山，有洁白的沙滩，有碧绿的海水，还有风情万种的夏威夷女郎，堪称太平洋上一颗璀璨的明珠。每年来到夏威夷旅游的都有数百万人次，除了最大的夏威夷岛外，周边的瓦胡岛、考爱岛、毛伊岛等都是让人心驰神往的旅游胜地，在这里除了可以和阳光、大海、沙滩等进行零距离接触，还能体验到当地最传统的夏威夷风情，让人来过一次之后就永生难忘。

TIPS!美国!

1 如何办理赴美旅游观光手续及注意事项

中国公民因探亲访友、旅游观光、就医、处理突发事件（亲属伤亡、财产纠纷等）、参加儿女毕业典礼或婚礼、参加各种性质的社团活动、参加各种业余性的音乐会和运动会，可持由中华人民共和国公安部颁发的有效护照前往美国在中国的大使馆、总领事馆办理B-2签证。团体旅游签证可通过报名参团的旅行社向美国大使馆、总领事馆等提出申请。具体办理手续如下:

个人赴美旅游（个人游）	
申请资格	目前全国所有地区的公民都可以申请赴美旅游签证。
所需材料	1. 有效护照。有效期必须比你计划在美国停留时间至少长6个月，护照最后页必须由本人签名。 2. 签证申请表DS-160表格确认页。请在上面注明您的中文姓名、您中文姓名的电报码、中文家庭地址、公司名字及地址。请将您的表格确认页竖着打印在A4纸上。面谈时请携带打印出来的DS-160表格确认页，不要使用传真的确认页。 3. 于6个月内拍摄的5厘米x5厘米正方形白色背景的彩色正面照一张。用透明胶带将您的照片贴在护照封面上。 4. 全家户口本原件、复印件。（复印件包含户口本首页，户主页，本人页，配偶页。） 5. 申请费收据。请将收据用胶水或胶条粘贴在确认页的下半页上。 6. 英文简历等支持性文件。 7. 个人财产证明。 8. 请申请人把第二代身份证正反面复印到一张A4纸上。 9. 详细的在职证明。
停留时间	最长90天。
所需费用	旅游、商务、学生或交流访问人员的签证费用为160美元。
注意事项	在办理赴美签证之前，最好向有关美国驻华使领馆以电话或通过其网页查询办证要求，得知办理签证的最佳程序，以便迅速、便捷地获取签证。 根据预约成功的面谈时间，携带面谈所需资料前往美国使馆接受面谈，面谈结束后，使馆会当场给出签证结果。

❷如何前往美国

飞机

全世界各大城市每天都有飞往美国各主要城市的航班，中国游客从北京、上海可乘直飞美国的航班前往纽约、洛杉矶等城市。抵达美国机场后要办理检疫和入境手续，游客需要在外国人检查口出示护照、邀请函和入境卡片办理入境手续。

在美国需要注意的旅行生活常识

游人在美国购物时由于各州的收税情况不一，同时消费税也是各州独立征收，需注意商品是否可以退税或免税。在美国一般用餐时需要多付餐费的15%作为小费，酒店内付给行李员和客房服务员的小费多为1美元，乘坐出租车时也需要多付10%到15%的车费作为司机的小费。

美国的城市治安在某些区域很差，游客需要注意出行时不要携带过多现金，同时在夜晚不要独自离开酒店。美国的电压为120伏特，一般为一圆两方的插头，游客需要准备变压器和转接头才可顺利使用国内带去的笔记本、手机等电子产品。美国由于幅员辽阔，其国内共分东部时区、中部时区、山地时区、西部时区和太平洋时区，其中东部时区比北京时间晚13小时，中部时区比北京晚14小时，山地时区比北京晚15小时，西部时区比北京晚16小时，太平洋时区比北京晚18小时。每年3月至11月的第一个星期日美国各时区还需要将时间调快1小时，进入夏时制，游客需要特别注意。

常用电话：

急救电话：911

紧急电话：311

交通电话：511

重要资讯

中国驻美国大使馆值班室

202-495-2266

中国驻美国大使馆24小时值班电话

202-669-8024

中国驻纽约总领事馆

212-244-9392

中国驻旧金山总领事馆

415-674-2900

中国驻洛杉矶总领事馆

213-807-8088

中国驻芝加哥总领事馆

312-803-0095

中国驻休斯敦总领事馆

713-520-1462

GO!美国交通!

1 航空

美国空中交通非常发达，游人几乎可以在世界上任何一个国家找到飞往纽约、洛杉矶、亚特兰大等美国主要城市的航班，从中国大陆的北京、上海每天都有直飞美国的航班。

2 火车

美国的铁路客运系统虽然相较航空客运并不十分繁忙，但美国铁路客运公司的列车也开往全美各地，游客可购买各种面额的套票在规定期限和地区内无限次乘坐列车。

3 出租车

纽约的黄色出租车是全世界最有名的出租车之一。出租车起步价为2.5美元/千米，之后每增加1/3千米或停车超过2分钟就增加40美分。每天20点至次日6点加收50美分的夜班运营费，此外游客还需要付车费总额的15%作为司机的小费。

4 地铁

纽约地铁是全世界最庞大的地铁系统之一，其总长超过400千米，有车站500余座，并且24小时不间断运行。纽约地铁采取单一票价，2.25美元的车票从刷卡进站后可在2小时内任意换乘不同线路。

5 公共汽车

纽约拥有超过200条公共汽车线路，其中市区公共汽车基本在五大城区内独立运营，一般不会有跨区域运营的线路。纽约公共汽车票价为2美元，地铁车票如果在2小时有效期内也可免费乘坐公共汽车。

E 速报！10大人气好玩旅游热地！

NO.1 自由女神像

位于自由岛上的自由女神像高46.5米（不含基座），是埃菲尔铁塔的建造者、法国设计师埃菲尔设计，作为法国赠送美国独立100周年的重要礼物。

NO.2 帝国大厦

作为纽约最著名的大楼之一，建于1930年的帝国大厦高102层，曾经是纽约的制高点，现今也是纽约人的骄傲和城市标志。

NO.3 洛克菲勒中心

洛克菲勒中心建于1939年，是美国最著名的洛克菲勒家族投资修建的，由19栋摩天大楼组成，被誉为20世纪最伟大的都市计划之一。

NO.4 百老汇大道

百老汇大道拥有众多剧场，现今已成为美国戏剧和音乐剧的标志，带给观众梦幻般的享受，是纽约夜晚最具魅力的地方。

NO.5 白宫

外观典雅大方的白宫是美国的总统府邸，也是华盛顿最负盛名的景点之一，外交接待大厅、图书室、地图室、瓷器室、金银器室都有着很高的欣赏价值。

NO.6 国会大厦

国会大厦是华盛顿最宏伟的建筑之一，作为华盛顿的地标性建筑之一，国会大厦的圆顶颇为醒目，上面还有一座6米高的自由女神像，是美国自由民主的象征。

NO.7 尼亚加拉瀑布

尼亚加拉瀑布是北美洲最著名的自然景观，被印第安人敬畏地称为“雷神之水”，与南美的伊瓜苏瀑布及非洲的维多利亚瀑布合称世界三大瀑布。

NO.8 奥兰多迪士尼世界

位于奥兰多的迪士尼世界是全世界第二座迪士尼乐园，同时也是美国本土最大的迪士尼乐园，共分为未来世界、动物王国、好莱坞影城和魔术世界四个主要区域。

NO.9 科罗拉多大峡谷

科罗拉多大峡谷由19个大小不一的峡谷组成，被称作地球历史的活教科书，是美国最壮美的自然景观。

NO.10 黄石国家公园

建于1872年的黄石国家公园面积达8956平方千米，以间歇泉、温泉等景观闻名，是全世界第一座，同时也是规模最大的国家公园。

F 速报！10大无料主题迷人之选！

NO.1 中央公园

建于1873年的纽约中央公园位于曼哈顿岛的中央，园内共有近万张长椅和6000多棵各色树木，被誉为世界各个大城市中最美的城市公园。

NO.2 时报广场

作为纽约的地标之一，四周林立摩天大厦和巨幅广告牌、霓虹灯的时报广场是全世界最为有名的广场之一。

NO.3 大都会艺术博物馆

与英国伦敦的大英博物馆、法国巴黎的卢浮宫、俄罗斯圣彼得堡的冬宫美术馆并列为世界四大美术馆的大都会艺术博物馆，是纽约乃至全美国最大的艺术博物馆，收藏了数百万件艺术珍品。

NO.4 华尔街

宽仅11米的华尔街两侧汇集了众多美国知名企业的办事处，同时纽约证交所、美国证交所、投资银行也在这条街上，是纽约乃至美国的经济金融中心。

NO.5 联合国总部

联合国总部拥有秘书处大楼、会议厅大楼、大会厅和哈马舍尔德图书馆四幢建筑，在秘书处大楼前悬挂着联合国所有会员国的国旗。

NO.6 布鲁克林大桥

横跨纽约东河的布鲁克林大桥是现今世界最长的悬索桥，被誉为工业革命时代全世界七处划时代建筑工程奇迹之一。

NO.7 好莱坞

位于好莱坞山顶的好莱坞英文字母，每个都是高15米、宽9米，是好莱坞的标志景点，早已成为洛杉矶的城市地标和美国电影的标志。

NO.8 旧金山金门大桥

跨度达1200米的金门大桥建于1933年，是全世界少见的单孔长跨距大桥之一，其红色的桥身如长虹一般横亘海峡，是旧金山的城市标志之一。

NO.9 渔人码头

旧金山渔人码头在百余年前就是当地的捕鱼码头，现今则是一处独具特色的休闲娱乐中心，吸引了众多游人慕名而来。

NO.10 夏威夷威基基海滩

长约1.6千米的威基基海滩沙质细腻洁白，海水湛蓝宁静，曾经是夏威夷国王御用的海滩，现今则是夏威夷风光最美的海滩。

6 美食！10大人气魅力平民餐馆！

美食

1 格雷的木瓜

格雷的木瓜是美国知名的小吃店，这里的热狗和热果汁在纽约上班族中颇有名气，而站着吃的过程更是诠释了“快餐”的定义。

美食

2 红龙虾餐厅

红龙虾餐厅是纽约时报广场上最具吸引力的餐厅之一，精致的装饰和典雅大方的用餐环境无不流露出浓浓的美国氛围，美味可口的饭菜更是令人大快朵颐。

美食

3 Joe Allen

老字号Joe Allen用餐氛围舒适温馨，牛排、汉堡、肋排、鲜鱼、白酒蜗牛、白酒西红柿淡菜都是这里颇受欢迎的菜肴。

美食

4 Josephs

位于洛克菲勒中心的Josephs以海鲜食材的新鲜度而闻名，可品尝各种用海鲜烹制成的精致时尚菜肴。

美食

5 Gobo

健康养生的理念在美国也颇为流行，以素食闻名的Gobo堪称曼哈顿最有名的纯素餐厅，可品尝纯正的中餐素食美味。

美食

6 Golden Unicorn

位于纽约唐人街的Golden Unicorn是喜爱广式早茶的人最爱的一家店，可容纳上千人一同就餐的店内每天上午都会弥漫着虾饺、叉烧包、肠粉、蛋挞等食物的香气。

美食

7 BereketBereket

以土耳其风味闻名，肥美多汁的羊肉三明治、新鲜的鹰嘴豆酱和葡萄汁都深受年轻人喜爱，是一家24小时都可以品尝到土耳其美味快餐的店。

美食

8 L’ école

用餐环境舒适明亮的L’ école味美价廉，这里的厨师是法国烹饪学院的学生，可以品尝各种口味正宗的法式料理，味美而价廉堪称这里最大的特色。

美食

9 Basilica

在毗邻时报广场的Basilica可品尝原汁原味的意大利美味，这家环境舒适温馨的餐厅颇受食客欢迎，可品尝各种意大利菜肴。

美食

10 Café Gitane

以北非和法式料理为主的Café Gitane每到夏季都会在店外摆上蓝色的桌椅，而店内的用餐空间也颇为舒适，可品尝各种用香辛料制成的北非菜肴，颇受年轻人喜爱。

热地!购物瞎拼买平货10大潮流地!

1 77街跳蚤市场

热地

已有超过25年历史的77街跳蚤市场也称绿色跳蚤市场，可以买到各种创意饰品、服装、古董和手工艺品，是一处热闹的淘宝胜地。

2 亨利·邦戴尔百货公司

热地

19世纪末开业的亨利·邦戴尔百货公司历史悠久，作为纽约最古老的百货公司之一，亨利·邦戴尔百货公司以女性服饰和用品为主，汇集了众多时尚品牌，是第五大道一处时尚亮丽的流行地标。

3 苹果专卖店

热地

第五大道上的苹果专卖店通体透明，是全世界最豪华、规模最大的苹果专卖店之一，可买到各种苹果品牌的产品，是全世界果粉心中的一座圣殿。

4 大满贯

热地

作为纽约著名的购物中心之一，大满贯也是纽约最大的礼品、纪念品商店，可在这里买到各种印有纽约风景图案和文字的纪念品。

5 热地 布鲁明戴尔百货店

成立于1861年的布鲁明戴尔百货店是美国著名的百年历史百货公司，其店内的棕色购物纸袋独具特色，与每年圣诞大减价一同作为商店的特色而为纽约人熟知。

6 热地 萨克斯第五大道

开业于1824年的萨克斯第五大道历史悠久，是第五大道上第一家大型百货店，店内装饰奢华，各种高档精致的商品吸引了很多人专程前来。

7 热地 NBA专卖店

在位于第五大道的NBA专卖店可买到球衣、球袜、球鞋、护腕、头带等各式各样的NBA周边产品和运动装备，是全世界NBA球迷不可错过的地方。

8 热地 梅西百货

创办于1858年的梅西百货被誉为世界上最大的百货商店之一，一直都是纽约口碑最好的百货商店，其细致入微的服务和精致的商品都令其广受赞誉。

9 热地 古董与跳蚤市场

在纽约的古董与跳蚤市场可淘到不少黑胶唱片、中古的IT数码产品等，颇受现今年轻人的欢迎，是一处适合休闲的淘宝地。

10 热地 SOHO区

SOHO区是纽约最繁华的街区之一，区内有各式各样经营创意饰品和服装的个性小店，是一处适合边走边逛的地方。

带回家!特色伴手好礼!

纪念品

1 花旗参

花旗参是一种原产自美国北部和加拿大南部的人参，也称西洋参。因为美国过去也被称作花旗国，所以这种人参就叫花旗参。花旗参自古以来就被原住民印第安人视作一种治疗发烧的药物而使用，这种人参有增强中枢神经系统、保护心血管系统、提高免疫力、促进血液活力、治疗糖尿病等功能。现在美国花旗参虽然已经行销全世界，但是人们还是愿意在美国本土购买最正宗的花旗参。无论是作为保健药物而食用还是作为礼品馈赠亲友都再合适不过了。不过在食用时还是遵医嘱为好。

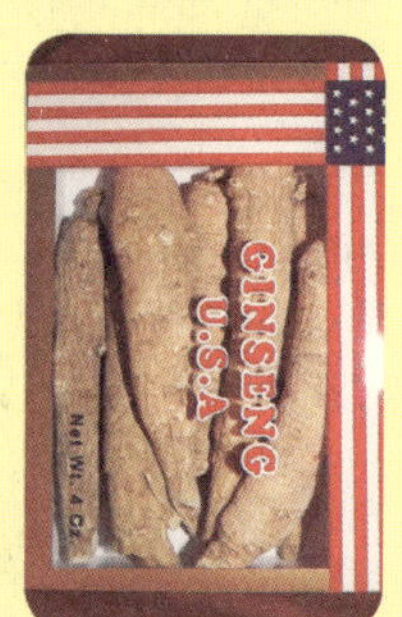

纪念品

2 苹果产品

苹果公司是世界闻名的数码产品生产及销售企业，近年来他们研发出了大批先进而优秀的产品，包括平板电脑iPad、手机iPhone、还有MP3播放器iTune等，占据了世界数码产品市场的大部分份额，成为当之无愧的霸主。在美国到处都能看到苹果产品的零售店，里面有各式各样的苹果数码产品，颜色多样，品种齐全，让初次接触苹果产品的用户们眼花缭乱。领先世界数码产品潮流的苹果产品已经日益受到全世界爱好者的推崇，备受他们的青睐。

纪念品

3 深海鱼油

所谓深海鱼油是从生活在深海之中的鱼类动物身体中提炼出来的不饱和脂肪成分，主要分成EPO和DHA两种，其中EPO可以通畅血管、防止中风和血栓等疾病的发生，预防动脉硬化。而DHA则有健脑益智、增强记忆力、集中注意力及提高理解能力等功效。美国的深海鱼油也是取自大西洋和太平洋深处的鱼类，尤其是阿拉斯加地区，这里地处高寒地带，制作出的深海鱼油尤为优质。不过深海鱼油对于人身体有很多禁忌之处，在食用之前要先看清说明才行。

纪念品

4 印第安手工艺品

印第安人是北美洲的原住民，早在欧洲人来到这片大陆之前，他们就在这里创造了灿烂辉煌的文明。现在印第安文化也是美国文化中不可缺少的一部分。在美国各个城市中经常可以看到出售印第安传统手工艺品的小商店，这里面的商品样式都是传统的印第安造型，样子很有特点，色彩鲜艳多样，包括陶瓷、金属器皿、泥塑、木雕、布艺等多个方面，这些大多都是纯手工制成，做工很是精细。将印第安人的古老文化全面展现在人们面前，让人能感受到美国现代文明中的另一部分。

纪念品

5 化妆品

美国的化妆品以品质优秀和品牌众多而享誉世界，各种高档化妆品让众多爱美的女性为之痴狂。而且大多数前往美国旅游的游客都会多多少少买一点美国出产的化妆品。特别是那些在国内价格很高的名牌化妆品，在美国本地却是相当便宜。在美国各大城市中都会有为数众多的化妆品专营店，如纽约的第五大道等著名商业街上，各色名牌化妆品让人目不暇接。各大百货商店中也都设有各种化妆品品牌的专柜，购买十分方便。

纪念品

6 棒球周边

棒球是美国人最喜爱的运动，是美国的国球。每年职业棒球大联盟联赛都会吸引无数观众，而那些球星也是美国孩子们的榜样。棒球在美国广泛的群众基础从遍布大街的棒球周边专卖店就能看出来。尤其是在那些拥有职业棒球队的城市里，各种出售当地球队周边商品的商店总是顾客盈门。在这里除了出售棒球手套、球鞋、球衣等外，还出售那些著名球星的玩偶、签名照片，以及各种手机链、挂件等小装饰品，甚至连日常的杯子、牙刷等用品都印上了球队的标志，可见这项运动是多么深入人心。

纪念品

7 英文原版图书&CD

美国不仅是一个经济大国，同时也是一个文化大国，这里有着极为发达的出版业。来到美国，买几本英文原版书籍或是几张原版CD回去也是喜爱看书和听音乐的人们必然会做的事情。这里的图书种类繁多，囊括人们生活的各个方面，音乐CD则更不必说，几乎每周都会有著名歌星的新碟推出。此外在美国出售出版物的商店有很多，不论是书店还是CD店都好像超市一般，选到自己心仪的书籍或是CD就可以前去结账付款，十分方便。

纪念品

8 迪士尼周边产品

美国是迪士尼文化的起源地，从沃尔特·迪士尼画出第一只米老鼠开始，这些充满童趣和生命力的卡通人物便伴随着一代代美国人成长起来，而那些印上了迪士尼各色人物的周边产品也是美国人的最爱。在美国很多地方都能看到出售迪士尼周边产品的店家，店里的商品品种繁多，涵括了日用品、玩具、手表、首饰、数码产品等多个方面，它们大多造型可爱，颜色也以粉红为主，同时在上面都绘制有各种迪士尼卡通形象，让人一看就爱不释手，不知不觉就会购买很多。

纪念品

9 牛仔品牌

牛仔裤是美国西部牛仔文化的代表，它们采用坚固耐用的靛蓝色粗斜纹布裁制，除了能搭配各种衣服以外，还能使人显得健美修长，深受年轻人尤其是年轻女性的喜爱。在美国有很多世界闻名的牛仔裤品牌，其中LEVI'S是牛仔品牌中的佼佼者，这是以第一条牛仔裤发明人的名字为商标的品牌，可以说是牛仔裤中最古老的牌子，代表了西部的开拓精神。除了LEVI'S外，还有像Lee这样适合女性的牛仔品牌和造型更为粗犷豪放的Wrangler等，让人有更多的选择空间。

纪念品

10 时尚奢侈品牌

美国一直都走在世界时尚界的最前沿，引领着世界流行的潮流，无数让人耳熟能详的时尚品牌都诞生自美国。尤其在洛杉矶、纽约这样的大城市里，到处都能见到各种时尚品牌的专营店。无论是COACH的皮包还是充满中国风的ANNA SUI，都将美国最流行的时尚毫无遗漏地展现出来。还有诞生自法国的知名奢侈品牌卡地亚，它拥有腕表、珠宝等多个产品，世界上很多知名人物以佩戴卡地亚的珠宝而引以为豪，它堪称世界上最著名的奢侈品品牌。

超IN!9天8夜计划书!

DAY 1

纽约中央公园+大都会艺术博物馆+帝国大厦+华尔街+自由女神像

纽约中央公园因位于曼哈顿岛中央而得名，被誉为世界各大城市中最美的城市公园。大都会艺术博物馆收藏了数百万件艺术珍品，是纽约乃至整个美国最大的艺术馆之一。纽约最著名的大楼之一就是建于1930年的帝国大厦，它也是纽约人的骄傲和城市标志。狭窄的华尔街是纽约乃至美国和世界的经济金融中心。高46.5米（不计基座）的自由女神像位于哈得孙河口的自由岛上，是纽约乃至全美国最重要的标志性景点。

NIGHT 1

百老汇大道

百老汇大道拥有众多剧场，是美国戏剧和音乐剧的代名词，同时也是纽约夜晚最具魅力的地方。

DAY 2

尼亚加拉瀑布+费城独立厅+自由钟

尼亚加拉瀑布是北美洲最著名的自然景观，与南美的伊瓜苏瀑布及非洲的维多利亚瀑布合称世界三大瀑布。签署《独立宣言》的费城独立厅，同时也是起草美国首部《联邦宪法》的地方。独立厅前的自由钟镌刻有“向各地的所有居民，宣告自由”的文字，是美国自由精神的象征。

NIGHT 2

大西洋城

风景秀丽的大西洋城以奢华的度假酒店和纸醉金迷的夜店生活闻名，是一座以紧张刺激的博彩业为主题的特色旅游城市。

DAY 3

华盛顿白宫+国会大厦+华盛顿纪念碑+国会山映像池+林肯纪念堂+史密森尼博物馆总部

外观典雅的白宫是美国的总统官邸，同时也是美国的政治核心。外观宏伟壮丽的国会大厦是华盛顿最醒目的城市地标，高169米的华盛顿纪念碑以美国首任总统华盛顿的名字命名，是华盛顿最高的建筑。国会山映像池全长300余米，池水中倒映着华盛顿纪念碑等景点和蓝天白云。林肯纪念堂外观是古希腊神殿风格，里面有一座林肯的雕像。史密森尼博物馆是全球最大的连锁博物馆。

NIGHT 3

肯尼迪中心

雄伟壮观的肯尼迪中心是华盛顿最著名的艺术表演场所，每晚这里都会有各种歌剧和音乐演出，可欣赏顶级的艺术表演。

DAY 4

波士顿公园+国王礼拜堂+波士顿三一教堂+芬韦球场+波士顿美术馆

波士顿公园是一个传统的英式花园，除了供人休息外，还能看各种街头艺术家的表演。国王礼拜堂初看起来规模小小的，但是这里却拥有悠久的历史，300多年的时光足以让这里显得沉稳而厚重。波士顿三一教堂作为波士顿教区的主教堂占据着重要的位置，而其特别的“理查德森罗马式”风格也是值得一看的亮点。芬韦球场是职棒大联盟中的老寿星，这座100多岁的棒球场以其超高的左外野本垒打墙而闻名，同时在这里的商店购买棒球周边商品也是不可错过的活动。波士顿美术馆里有着丰富的东方艺术品收藏，中、日、韩等国家的青铜、陶瓷、绘画、书法、纺织品、雕塑等应有尽有。

NIGHT 4

波士顿剧院区

在波士顿，到了晚上，去剧院区玩耍一番是最好的选择，这里靠近唐人街等繁华地，大片的酒吧、饭店上闪烁的霓虹灯令人目眩。

环球影城度假村+奥兰多迪士尼世界

环球影城度假村是奥兰多最好玩的地方，在这里除了可以看电影，还能玩电影，进入各个场景过一把英雄瘾想必是很多人都期待很久的事情。奥兰多迪士尼世界是迪士尼世界的“总部”，有着最齐全的设施。人们可以畅游在各个迪士尼影片的世界中，和各种卡通人物一起玩耍。

NIGHT 5

奥兰多迪士尼世界

奥兰多迪士尼世界晚上的活动更为精彩。除了有卡通人物的花车巡游外，还有精彩无限的烟火表演，把人们一天的欢乐情绪推到顶点。

科罗拉多大峡谷+胡佛水坝+拉斯维加斯

科罗拉多大峡谷是美国的象征，在这里有一望无际的山谷和河流，各种不同的岩层赤裸裸地暴露在人们眼前，有一种说不出的粗犷之美。胡佛水坝的恢弘气势让人为之心动，在这儿可以领略到人们战天斗地的伟大精神和人定胜天的壮志豪情。拉斯维加斯是全世界人耳熟能详的名字，这里的灯红酒绿、花天酒地、纸醉金迷都通过各种媒体而为人们所熟知。只有亲眼看一看，才能知道这里到底有多繁华。

NIGHT 6

费蒙街

费蒙街的夜景在拉斯维加斯是独居榜首的，这里有最炫目的灯光表演。那1250万个发光二极管组成的灯光顶棚能变幻出超过1600万种色彩组合，形成各种美妙图案，无比神奇。

夏威夷威基基海滩+珍珠港+亚利桑那号纪念馆

不到威基基海滩就等于没来过夏威夷，在这片漫长的海滩上，脚下有洁白的沙滩，身后有摇曳的椰林，海水在眼前像毯子一样铺开去，让人一生都无法忘记这美妙景色。珍珠港如今已经不是传统意义上的港口，而是一处旅游胜地。沉没在海底70年的亚利桑那号至今还在往外泄漏着燃料，这被称作“亚利桑那眼泪”的油滴还在讲述那纷飞的战火。

NIGHT 7

夏威夷海滩

夏威夷的夜晚十分热闹，在海滩上可以欣赏热情欢快的音乐和草裙舞，是体验夏威夷风情的最佳时间。

黄石国家公园+洛杉矶郡立美术馆+好莱坞+好莱坞高地广场+星光大道

黄石国家公园是全世界最著名的国家公园，以其丰富的地貌特征和众多的野生动植物而闻名，在这里既能感受到狂野的原野风情，也可以到处探险。洛杉矶郡立美术馆就是全人类美术史的大百科全书，仿佛一个神奇的艺术长廊，将不同的艺术理念融合到了一起。好莱坞是人们耳熟能详的景点，其标志大字“HOLLYWOOD”在好莱坞各个地方都可以直接看到。好莱坞高地广场是好莱坞真正的核心，这里有电影院、饭店、酒店、纪念品商店。好莱坞有什么大型活动都是在这里举行，这里也是世界各地游客的汇集之处。很多人到好莱坞大多直奔星光大道，人们最乐意做的事情就是到处寻找自己偶像的手印，一旦找到就如获至宝，兴奋不已。

NIGHT 8

好莱坞

好莱坞的夜景就好像星光大道上的明星们一样璀璨夺目，各种影院上的霓虹灯变幻着不同的色彩，酒吧和饭店也是顾客盈门，完全是一座不夜之城。

旧金山金门大桥+渔人码头+恶魔岛+中国城+艺术宫+诺布山

金门大桥是旧金山的标志，它已经静静地在这里矗立了接近80年，至今依然是旧金山最重要的交通枢纽。渔人码头是一个从普通捕鱼码头而发展起来的休闲中心，这里到处都是新奇古怪的各色展馆，还有用捕鲸船改造成的餐厅。恶魔岛曾经是关押重刑犯的监狱，在29年的时间中无人可以从中逃脱。如今这里还保留了当时的样子，在这里看一看那些触目惊心的设施，也是一种另类的体验。旧金山的中国城最引人注目的要数那座巨大的中国城牌坊，浓浓的中国风情扑面而来，一切都显得那么熟悉而又陌生，到处充满着新鲜感。艺术宫原本不过是一座万国博览会使用过的临时建筑，如今这里被誉为旧金山最美的地方。诺布山是旧金山的最高峰，在这里沿街到处都是百万富翁的豪宅。

前往旧金山国际机场，起程踏上归途

AMERICA GUIDE

纽约中央公园

位于曼哈顿岛中央的中央公园建于1873年，是纽约最大的公园，同时也被誉为世界各大城市中最美的城市公园。

01 中央公园 

全纽约最不容错过的地方

TIPS

5th Avenue New York, NY 10028, United States 乘地铁在86th St.站出站 212-310-6600 ★★★★★

中央公园被誉为世界各个大城市中最美的城市公园，顾名思义，这座公园就位于曼哈顿岛的中央。1851年，纽约市议会通过了《公园法》，这直接促使了中央公园于1873年建成。公园占地约340公顷，也是纽约最大的公园，其穿过了150个街区，园内共有近万张长椅和6000多棵各色树木，还设有美术馆、运动场、动物园、剧院等各种设施。每年到这里来的游客超过2500万人次，还有无数的街头艺人在这里卖艺讨生活。这里一年四季色彩变幻，美丽异常。

看点01 大草坪

日光浴的胜地

中央公园的大草坪也称绵羊草坪，这里最初是一片农场，有很多绵羊在这里吃草。现在这里依然用栅栏围起来，好像过去的农场模样，不过不再有绵羊在这里吃草，而是供人休闲、野餐和享受太阳浴了。这里有大片的绿油油的草地，映衬着远处高楼大厦群落，给人一种身处世外桃源的感觉。

看点02 沃曼溜冰场

浪漫的露天溜冰场

沃曼溜冰场是位于中央公园内的一处露天溜冰场，是公园的一处标志性景点。这里背靠曼哈顿的摩天大楼群，在这里溜冰很有一种浪漫感觉，因此这里也被很多电视剧作为摄影场所。即使到了夏天，这里也能保持冰面的平整，因此经常可以看到人们穿着汗衫滑冰的有趣景象。

看点03 望台城堡

远望公园风景的好地方

望台城堡位于中央公园内的远景岩部分，也是公园里的学习中心所在地。在这里可以远眺公园内的大草坪与戴拉寇克剧院。同时在城堡里还有发现室，为各方游客提供园内野生动物的各种情报，是全面了解这座公园的好地方。

看点05 草莓园

为纪念约翰·列侬而造的公园

草莓园是中央公园内部的一个小公园，这是为了纪念著名的甲壳虫乐队歌手约翰·列侬遇害而建的。虽然叫做草莓园，但是这里却没有种草莓，而是种了很多来自世界各地的花卉。而且为了纪念列侬遇刺这一不幸事件，草莓园特地被建成眼泪的造型，每年都有不少甲壳虫乐队的歌迷在这里献花纪念他们心目中的偶像。

看点04 温室花园

美丽的园中园

温室花园是中央公园中最美丽的园中园，这里博采各地造园之长，使用各种绿树红花营造出一处人间天堂。在这里能看到法式、英式、意大利式风格的花园，其间的植物也都是来自世界各地。人们徜徉于幽深的花木和美丽的雕塑群中，几乎忘却了自己是身处大都市之中，而好像是处于大自然里一样。

看点06 中央公园动物园

看各种动物的可爱表现

中央公园动物园是中央公园内最主要的部分之一，园内可分为海狮表演区、极圈区和热带雨林区等几个部分。其中海狮表演是最受小朋友们欢迎的项目，憨态可掬的海狮们在饲养员的调教下做出各种可爱的动作，引来人们不断的叫声。此外，在动物园里还能看到北极熊、企鹅和各种热带植物与花卉，清新的空气也让人心旷神怡。

02 广场饭店 吃

纽约历史的标志

和中央公园毗邻的广场饭店高76米，迄今已有100余年历史。外观如同文艺复兴时期城堡的广场饭店内部装饰奢华，仅水晶吊灯就有超过1600盏，从建成开业以来就一直是纽约上流社会的代名词，同时也是纽约城市发展历史的标志之一。

TIPS

5th Avenue New York, NY 10019, United States 乘地铁在5th Ave.站出站步行2分钟即可到达 212-759-3000 ★★★★★

03 天安教堂 赏

朴素古典的教堂

纽约天安教堂是纽约著名的教堂之一，坐落在中央公园附近，这是一群南北战争时期的退伍老兵共同集资所修建的。教堂完工于1865年，外观是由灰色的石灰石砌成，显得十分古朴。在大门处也见不到多少精美的浮雕，但是哥特式的塔楼却颇有气势。整个教堂建筑规模虽然不大，但是细节处尽显设计者的巧思，教堂内部天顶极高，给人一种十分开阔的感觉，而且教堂内视线也十分通畅，使得中间的圣坛十分醒目，在圣坛周围有漂亮的玻璃壁画，显示出独特的美感。

TIPS

2 East 90th Street New York, NY 10128-0674, United States 乘地铁在86th St.站出站 212-369-8698 ★★★★★

04 大都会艺术博物馆 赏

世界四大美术馆之一

大都会艺术博物馆是纽约乃至整个美国最大的艺术馆之一，它与英国伦敦的大英博物馆、法国巴黎的卢浮宫、俄罗斯圣彼得堡的冬宫美术馆并列为世界上最著名的四大美术馆。大都会艺术博物馆曾经多次扩建，因此它每个部分都具有各自不同的特点，在馆内共分3层19个展室，藏有来自世界各地的艺术珍品330多万件。其中最华丽的当属埃及政府赠送给美国的一座典德尔神殿，这是埃及境外唯一的一座古埃及神殿。此外，大都会博物馆还收藏着20万册古籍，也是世界上最完善的古籍图书馆之一。

TIPS

1000 5th Avenue New York, NY 10028, United States 乘地铁在86th St.站出站 212-535-7710 ★★★★★

05 弗里克博物馆 赏

气质高雅的私人博物馆

TIPS

1 East 70th Street New York, NY 10021-4994, United States 乘地铁在68th St.站出站 212-288-0700 18美元 ★★★★

弗里克博物馆位于纽约第70街，是在这条充满现代气息的大街上少有的旧式建筑。这是一家小型的收藏馆。它的前身是纽约实业家弗里克夫妇的寓所。这家博物馆的造型很具古典风格，气质高雅，到处都是浓浓的欧洲风情。馆内收藏了很多弗里克先生生前珍藏的绘画、雕塑及装饰品等，而且大多数展品都是按照弗里克先生生前的摆设方式陈列的，其中也不乏诸如提香、伦勃朗等大师的作品。人们在这里可以通过设置的语音导游系统详细地了解弗里克的一生和他的这些珍贵收藏。

06 古根汉姆美术馆 赏

造型独特的美术馆

古根汉姆美术馆是古根汉姆博物馆系列的最主要部分，这里既是古根汉姆博物馆群的总部所在，也是纽约最著名的地标性建筑之一。美术馆的造型十分独特，螺旋形的外观看起来好像一个茶杯，或是一个弹簧，也有人说像是一个海螺，与传统博物馆那种古板凝重的风格完全不同。而美术馆内部也很有特色，螺旋形的参观线路让游客们不必上下楼就可以看遍馆内所有的藏品，而且这里的展品是通过金属杆悬挂在半空中，颇有立体感。这一切的一切都让每一个来这里的人耳目一新。

TIPS

1071 5th Avenue New York, NY 10128-0173, United States 乘地铁在86th St.站出站 212-423-3500 18美元 ★★★★

07 库珀·海威特博物馆

展示现代的设计创意和装饰艺术

赏

库珀·海威特博物馆是隶属于史密森博物馆学会旗下的博物馆，这座博物馆位于纽约最著名的卡内基大厦之中。和一般博物馆展示古代文物或是珍贵艺术品不同，这里展示的主要是各种设计创意和装饰艺术品。馆内有11000平方米的画廊空间与64个大小展室，展品涵括了绘画、平面设计、立体设计、纺织品艺术等多个方面，有来自世界各地各个历史时期的装饰艺术品，无论是中国古代的鸟笼还是日本的隔扇画都让人惊叹不已。

TIPS

2 East 91st Street New York, NY 10128-0669, United States 乘地铁在86th St.站出站 212-849-8400 15美元 ★★★★

08 纽约市博物馆

赏

纽约市可以说到处都是博物馆，它们各有特色，展品丰富，但是没有一座博物馆像纽约市博物馆这样反映了整个纽约市从诞生到发展的过程。这家博物馆位于纽约最中心的第五大道和103街、104街的交界处，建筑由红砖和白石灰石砌成，红白相间很是典雅。在博物馆里珍藏着很多对纽约来说很具意义的藏品，包括纽约各个历史时期的老照片，以及民生、军事、政治、经济等各方面的文物。其中还特别收藏了第一位在纽约出生的荷兰后裔用过的椅子，他被视作第一个纯粹的“纽约人”，有着很重要的意义。

TIPS

1220 5th Avenue New York, NY 10029, United States 乘地铁在103th St.站出站 212-534-1672 10美元 ★★★★

09 犹太博物馆 赏

展示犹太人的文化和历史

犹太人是纽约一个重要的群体，他们拥有大量的财富，也创造了辉煌的文化。位于纽约第五大道的犹太博物馆就是这么一家展示犹太人文化的博物馆。这里的收藏大多来自这里1904年创办的犹太神学院，1947年改建成目前的博物馆并对外开放。在这里收藏着包括绘画、雕塑、考古文物、犹太礼器以及其他反映犹太人历史和文化的文物，共计26000余件。其中有很多是犹太人著名画家所绘的名画。人们在这里可以体会犹太人深厚的历史文化，和他们对这个世界所做的贡献。

TIPS

1109 5th Avenue New York, NY 10128, United States 乘地铁在86th St.站出站 212-423-3200 12美元 ★★★★

10 惠特尼美国艺术博物馆 赏

美国当代艺术的先驱

惠特尼美国艺术博物馆是在1931年由葛楚·范德伯尔特·惠特尼女士所捐资建立的，这家博物馆经历了美国艺术风格从保守走向现代的过程，这里的藏品也从最初的欧式风格和偏重于写实而逐渐走向抽象和概念化，包括在美国盛行一时的普普艺术和地景艺术等，都在美术馆中有所展示。自1975年起，这里也将摄影、电影艺术收入其中，这也使得惠特尼美国艺术博物馆成为美国当代艺术的先驱。除了展览外，这里经常会举办各种艺术活动，尤其是惠特尼双年展，为这里最著名的展览。

TIPS

945 Madison Avenue New York, NY 10021, United States 乘地铁在77th St.站出站 212-570-360 18美元 ★★★★

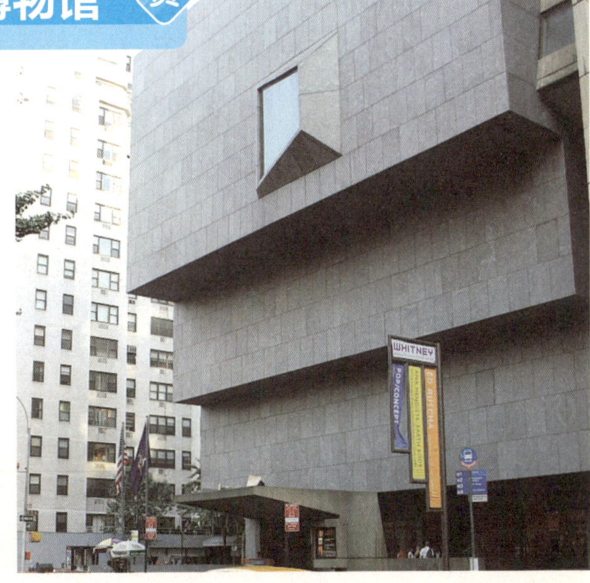

11 麦迪逊大道 逛

现代广告业的圣地

麦迪逊大道是纽约的一条主要干道，这条大街出名并不是因为有多少摩天高楼，也不是因为有深厚的历史积淀，而是因为美国大多数主要广告公司的总部都集中在这里，是美国广告业的圣地。自从美国作家马丁·迈耶所著的《麦迪逊大道》风靡全球开始，这里便集中了全世界广告从业者们的目光，包括被誉为“现代广告教皇”的大卫·奥格威在内的一大批广告业精英人才。此外，这条大道上也拥有自己独特的色彩，在这里随处都能看到各种时尚设计，或许这就是这里无穷的广告创意的由来。

TIPS

Madison Avenue New York, NY 10075-0113, United States 乘地铁在68th St.站出站 ★★★★★

12 巧克力之家 吃

全球知名的巧克力店

TIPS

1018 Madison Avenue New York, NY 10075-0113, United States 乘地铁在77th St.站出站 212-744-7117 ★★★★

巧克力之家是一家闻名全球的巧克力店，于20世纪70年代创办于法国，后来在纽约、东京等地均开有分店。而位于纽约的这家巧克力之家是在美国的第一家分店，这里通体都散发着浪漫的法国风情，每一块巧克力都好像是精雕细琢的艺术品一般。这里的巧克力都是纯手工制成的，黑巧克力味苦而醇厚，奶油巧克力香浓而甜美，还有杏仁巧克力、果仁巧克力、饼干巧克力等多种产品。此外还有充满创意的巧克力复活节蛋等富含趣味的产品，是每一个喜爱巧克力的人所钟爱的天堂。

13 林肯表演艺术中心 娱

世界上最大的艺术会场

1941 Broadway New York, NY 10023, United States 乘地铁在66th St.站出站 212-875-5050 ★★★★★

林肯表演艺术中心位于纽约的上西区，这里是世界上最大的艺术会场，也是纽约的古典艺术中心，是所有艺术家最憧憬的舞台。它建立在过去的纽约贫民窟之上，可以容纳18000多名观众。这里包括林肯中心剧院、纽约州立剧院、大都会歌剧院、艾弗里·费雪音乐厅等部分，还有外围西部的古根汉姆露天广场、东侧的纽约表演艺术图书馆、茱利亚学院及爱丽丝·杜丽音乐厅等。这里对来自世界各地的艺术家开放，包括很多中国艺术家在内都曾在这里表演过，是人们最向往的艺术圣地。

看点01 爱丽丝·杜丽厅

林肯中心内重要的音乐厅之一

爱丽丝·杜丽厅是林肯表演艺术中心内最重要的音乐厅之一，是钟爱音乐和艺术的慈善家爱丽丝·杜丽所捐资兴建的。这里原本是一个多功能的礼堂，后来被改造成举办室内音乐会的场所。这里的音响效果十分出色，无论是演出音乐剧还是交响乐，都能很好地把各种音乐的特点展现出来。

看点02 大都会歌剧院

林肯中心内最漂亮的建筑

大都会歌剧院是美国著名的大都会歌剧团与美国芭蕾舞剧团的所在地，这座建筑是林肯中心内最漂亮的一座，剧院内金碧辉煌的水晶灯灯光通过5扇玻璃拱窗映射出来，墙上还装饰着两幅著名画家夏加尔的画作，显得富有艺术气息。包括帕瓦罗蒂、卡雷拉斯等世界顶级的艺术家曾在这里献艺。

看点03 艾弗里·费雪厅

闻名世界的纽约爱乐乐团所在地

艾弗里·费雪厅是闻名世界的纽约爱乐乐团的所在地，可谓林肯中心内最重要的部分。这里的音响效果也堪称世界上最好的，包括中国著名大提琴家马友友在内的无数世界知名艺术家都在此进行过演出。而一年一度的纽约爱乐乐团新年音乐会更是让这里闻名世界。

看点04 波蒙剧场

林肯中心内规模最大的剧院

波蒙剧场是林肯表演艺术中心剧院重要的组成部分。这座剧场可以容纳1000多名观众，设施十分先进，在这里经常举行顶尖的现代戏剧演出，曾演出过亚瑟·米勒的《堕落之后》等著名戏剧，是林肯中心内规模最大的剧院之一。

看点05 纽约州立剧院

光芒闪耀的小珠宝盒

纽约州立剧院是纽约市立芭蕾舞团与纽约市立歌剧团的所在地，这里最大的特点就是充满了古典的欧式风情，剧院内外都用莱茵石灯柱及水晶吊灯做装饰，巨大的科林斯式石柱也为这里增色不少。每到夜晚这里就闪闪发光，因此也爱被人称为“小珠宝盒”。

14 美国民间艺术博物馆 赏

极具现代感的一流博物馆

建成于1961年的美国民间艺术博物馆毗邻林肯表演艺术中心，博物馆采用63块青铜合金砖砌成，整体散发出黑色的金属光泽，并由一个独特的悬臂式混凝土楼梯将所有的楼层连接起来，极具现代感。博物馆内收藏了各种从事民间艺术的艺术家们创作的绘画、雕塑、手工艺等五花八门的民间工艺品，同时还经常举办各种民间艺术展览。

TIPS

45 West 53rd Street New York, NY 10019-5401, United States 乘地铁在47th-50th Sts Rockefeller Center站出站，步行2分钟即可到达 212-265-1040 12美元 ★★★★

15 卡内基音乐厅 娱

没有金属架构的砖石建筑

卡内基音乐厅是美国著名的慈善家卡内基于1891年所兴建，并以他的名字为音乐厅命名。这座音乐厅的建筑采取了传统的意大利文艺复兴式的风格，而且在结构上完全没有使用金属，而是直接用砖和棕色沙石搭砌而成。音乐厅内由主厅、小厅和独奏厅三部分组成，这三个厅结构各不相同，适合不同规模的音乐会使用。卡内基音乐厅的音响效果号称世界第一，每个厅的设计都相当精巧，使得声音能得到充分的共鸣和传播，让人在任何一个角落里都能清楚地听到，让音乐成为人们最好的享受。

881 7th Avenue New York, NY10019, United States 乘地铁在57th St.站出站 212-247-7800 ★★★★★

16 美国自然史博物馆 赏

美国自然历史的展示宝库

美国自然史博物馆建于1869年，既是纽约历史最悠久的博物馆之一，也是世界上规模最大的自然历史博物馆。这座博物馆主要分人类学、天文学等12个科学部57座展厅，每一个展厅都有其各自的主题，北美洲哺乳动物陈列厅中就展示了很多北美特产的哺乳动物的标本，并将它们放置在以北美森林为主题的背景中，逼真而有趣。这里的展品种类繁多，小到单细胞动物，大到恐龙和蓝鲸都一一展示其中，仅鸟类标本就多达100万件，可以说涵括了整个地球的自然历史，堪称一座巨大的宝库。

TIPS

79th Street And Central Park West New York, NY 10024, United States 乘地铁在81th St.站出站 212-769-5100 16美元 ★★★★★

17 纽约历史学会 赏

研究纽约市的历史

TIPS

170 Central Park West New York, NY10024, United States 乘地铁在72nd St.站出站 212-873-3400 12美元 ★★★★

成立于1804年的纽约历史学会是以研究纽约及美国历史为主的学会，它的总部也是一座知名的博物馆。这座博物馆位于纽约中央公园西侧，是一座由白色大理石建成的建筑，是纽约最古老的博物馆和图书馆。这里的藏品以展示纽约的历史为主，包括美国早期的绘画、民歌、器具、服饰、殖民时期的房子以及一辆曾经使用过的救火车等，将纽约整个发展历史展现在了人们面前。除此之外，这里还收藏有400多件珍贵的鸟类绘画，吸引了无数爱鸟人士前来参观。

18 哥伦布圆环 玩

繁华街区间的休闲空间

TIPS

Columbus Circle New York, NY10019，United States

乘地铁在59th St.站出站 ★★★★

哥伦布圆环位于纽约中央公园的西南角，是纽约市内主要干道百老汇大街和第五大道的交会点。在这里有一处圆形广场，广场正中则是一座铜质的哥伦布雕像。因为这里临近很多纽约重要设施，所以被看做纽约的地标建筑，而所有其他城市到纽约的距离也都是从这里开始计算的。同时这里也是供纽约市民们休息的一个场所，经常可以看到很多人在圆环中的凳子上看书休息或是四处散步，在这片高楼丛林中给人一个放松的空间。

Jean Georges

吃正宗的法国大餐

坐落于中央公园西南角的Jean Georges是一家以法国名厨Jean Georges的名字命名的法国餐馆，这里提供最正宗的优质法国大餐供人享受。此外每天中午，这里都会提供物美价廉的午间套餐，是那些喜好吃法国菜的人们的最佳选择。

19 艺术与设计博物馆 赏

极具现代感的艺术博物馆

艺术与设计博物馆原来是建于1956年的美国工艺博物馆，2003年改作现在的名字，并于2008年迁址到第二哥伦布圆环附近。迁址后的博物馆面积超过5000平方米，外观使用玻璃幕墙和白色陶瓷材料制成，与原先的普通大理石材质相比显得更具现代感。在共四层的博物馆里主要有现代艺术和设计展厅、一个150个座位的大礼堂、一个珠宝研究中心、一个供学生动手学习的教室以及三个艺术工作室。博物馆里随处都能看到充满创意的设计展览，很多都能让人有耳目一新之感。

TIPS

2 Columbus Circle New York, NY10019, United States
乘地铁在59th St.站出站
212-299-7777 15美元
★★★★

20 格雷的木瓜 吃

闻名纽约的木瓜和热狗

2090 Broadway New York, NY 10023, United States
乘地铁在72nd St.站出站 212-799-0243 ★★★★

格雷的木瓜是美国知名的小吃店，这家店最初以味道香甜的木瓜果汁而打出了自己的牌子，号称“木瓜之王”。不过随着人们生活节奏的加快，这家店也开始经营各种快餐，尤其是热狗在纽约上班族中小有名气。特别是在冬季的时候，如果能来这里喝上一杯热热的果汁，吃上一份喷香的热狗，立刻就能驱除身上的寒意。此外，这家店里并不提供座位，人们一般都是站着吃完所有的食物，然后匆匆踏上各自的工作旅程。

21 达科塔大厦 赏

约翰·列侬最后的居所

TIPS

1 West 72nd St. New York, NY 10023-3486, United States 乘地铁在72nd St.站出站 ★★★★

位于曼哈顿上西区的达科塔大厦是曼哈顿岛上第一家豪华公寓。这座华丽的旧式建筑完工于1884年。它拥有一个巨大的拱门，可以容纳当时有钱人的马车从容穿过，而且这里还很少见地装上了电梯，方便人上下楼。此外大厦的地板都是使用高档木材制成，有的地方还镶上了银。各个细节都可以表明这里是条件非常优越的高级豪宅，有无数的上流人士和各方面的知名人物曾经在这里住过，其中尤其以约翰·列侬最为知名，他在这里度过了生命最后的时光，就是在这座大厦外被刺。至今还有不少歌迷来到这座大厦对面的中央公园纪念他们永恒的偶像。

22 道利顿大厦 赏

纽约街头最出风头的公寓

TIPS

171 West 71st Street New York, NY 10001-6103, United States 乘地铁在72th St.站出站 ★★★★

道利顿大厦位于中央公园西侧，百老汇大街的转角处。这座1902年建成的建筑宛如一座欧洲城堡，门口大理石的雕塑和巨大的铁门气势宏伟，让人真有身处法国王宫的错觉。大楼本身是用白色石灰石和红砖砌成，气质典雅。楼顶有高达两层楼的折线形屋顶，是用板岩和铜制成，其上还有装饰美观的烟囱。此外，楼上的精美浮雕和装饰处处都凸显出这里上流社会的品质，因此这里也被很多建筑学家誉为“纽约最出风头的公寓”，也是纽约知名的地标建筑之一。

23  安松尼亚旅馆 

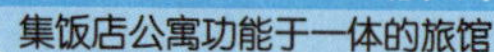
集饭店公寓功能于一体的旅馆

安松尼亚旅馆距离道利顿大厦不远，虽然名为旅馆，其实这里兼具了饭店和公寓的功能，也是纽约高档公寓的代表。安松尼亚旅馆是一幢18层高的建筑，屋顶高高的圆塔是这里最显眼的标志，同时这里还装上了纽约最早的中央空调系统。走进旅馆，首先就能看到一座巨大的封闭喷泉，同时还能看到很多人带着宠物在大厅里走过，让人颇感惊讶。原来这里专门设置了供动物使用的电梯，可以直上屋顶的平台，这也是这座旅馆特别的风景线。在安松尼亚旅馆数百家客房中曾经住过不少艺术家和知名运动员，在纽约各公寓中独树一帜。

TIPS

Ansonia Hotel 2109 Broadway, New York, NY 10023-2199, United States 乘地铁在72th St.站出站 ★★★★★

---

24 77街跳蚤市场 

货品丰富的跳蚤市场

TIPS

77th St. New York, NY 10024, United States 乘地铁在72nd St.站出站 212-239-3025 ★★★★

77街跳蚤市场也称绿色跳蚤市场，位于哥伦布大道和77街的交会处，至今已经经营了超过25年时间。这里的货品品种繁多，有刚从农场中运来的绿色食品，有创意十足的各种小挂件，也有造型和色彩都光怪陆离的服装，更有鱼龙混杂的各色古董和来自世界各地的手工艺品，让人眼花缭乱。由于这里沿街搭上了雨棚，即使是雨天依然生意兴隆，不少人到这里来淘宝，希望能够在无数的二手货中找到自己心仪的物品。

25 Maxilla&Mandible

出售动物标本的商店

TIPS

451 Columbus Avenue New York, NY 10024, United States 乘地铁在81th St.站出站 212-724-6173

★★★★

位于美国自然史博物馆旁的Maxilla&Mandible有一个听起来挺诡异的名字，Maxilla是指动物的颌骨，而Mandible则是指昆虫的口器。店里也正如其名，出售各种动植物的化石和骨架标本，这在美国众多的商店中可谓独树一帜。在这里能碰到很多稀奇古怪的东西，无论是来自远古的海螺化石标本，还是各种蝴蝶制成的活标本，抑或是稀罕的琥珀和贝壳在这里都能见到。而且值得一提的是，这家店里的营业员可个个都是生物爱好者，想必可以和顾客有很多共同语言。

26 札巴超市

买

纽约的"食物天国"

从美国自然史博物馆一路向西，穿过繁华的哥伦布大道和阿姆斯特丹大道，就能来到这家札巴超市。这是一家专门出售各种食材的超市，走进这里就好像进入了一座"食物天国"一般，随处都能看到大量的奶酪、沙拉、盒饭、熟食等混杂在一起，散发出让人垂涎欲滴的香味。而在超市二楼还出售各种厨房用品，有锅碗瓢盆、刀叉酒杯等，种类齐全，很容易就能买到所需的物品。除了购物外，札巴超市在沿街还设有简单的早餐吧，提供三明治、烤鸡腿、牛排等食物，方便那些上班族们。

2245 Broadway New York, NY 10024-5899, United States

乘地铁在79th St.站出站 212-787-2000 ★★★★

AMERICA GUIDE

纽约时报广场

位于纽约市中心的时报广场四周林立着摩天大厦，各种广告牌和霓虹灯闪烁。它是纽约市举办各种庆典活动的场所，同时也是全世界最有名的广场之一。

01 时报广场 逛

美国最著名的广场

TIPS

Times Square New York, NY10036, United States 乘地铁在Time Square 42nd St.站出站

★★★★★

时报广场位于纽约的市中心，它的面积虽然不是很大，但却是全世界最为有名的广场之一，是这个城市的地标式景点和象征。这个广场四周是一座座赫赫有名的摩天大楼，既有热闹喧嚣的大商场，也有上演各种精彩戏剧的剧场，大名鼎鼎的百老汇也在这里。漫步在时报广场可以看到各种巨幅广告牌，许多在影视剧中经常出现的景物也一一展现在人们面前。这里还是纽约举行各种游行庆典的地方，那些丰富多彩的活动吸引了来自世界各地的游客们的目光。

看点01 杜菲广场

广告牌会聚的奇特广场

杜菲广场是纽约的著名广场之一，是以各种广告牌会聚而闻名于世的。这里既有世界知名品牌的广告牌，也有纽约市的公益广告牌，它们的图案色彩都很有特色，吸引了众多游人的目光，尤其是那色彩绚丽的巨型屏幕上播出的高清广告更是让人叹为观止。

看点02 国债钟

牵动世界金融命脉的大钟

国债钟是时报广场上经历时间最为短暂的景物之一，它记录着美国国债的总额，以及每个普通家庭所担负的债务金额。这口大钟看似平凡无奇，但在正经历金融危机的现在，很有警示意义。那些不断上涨的数字，正在警告华尔街的金融从业者当心玩火自焚。

看点03 时报广场旅客服务中心

时报广场上的指引中心

时报广场旅客服务中心是为来自世界各地的游客们服务的地方，来到这里的人们可以详细地查阅时报广场以及纽约的各处景点信息、交通状况等资料。这个中心还出售各种有趣的纪念品和宣传海报画册，它们都是颇具价值的商品。

02 红龙虾餐厅

吃

纽约最好的海鲜餐厅之一

红龙虾餐厅是纽约时报广场上最具吸引力的餐厅之一，是全球知名的连锁企业，时报广场上的这家是最有名气的。该餐厅的价格虽然稍显昂贵，但美味的饭菜令人赞不绝口，各种海鲜美味应有尽有，因此是家物有所值的餐厅。这家餐厅的装饰精美，有着典雅大方的风格，散发着浓郁的美国气息，用餐环境极好。红龙虾餐厅最大的特色是它的节食套餐，每道菜肴上附注了它所含有的热量，令食客们在大快朵颐的同时注意保持身体健康。

TIPS

5 Times Square, Nyc/5 New York, NY 10036, United States 乘地铁在Time Square 42nd St.站出站 212-730-6706 ★★★★

03 大满贯

购买纪念品的宝地

TIPS

1557 Broadway New York, NY 10036, United States 乘地铁在Time Square 42nd St.站出站 212-398-6388 ★★★★

大满贯是纽约著名的购物中心之一，也是当地最大的礼品、纪念品商城，因此吸引了来自世界各地的游客来此选购自己需要的物品。这里的店铺众多，各种有趣的物品吸引着来者的目光，那些与纽约相关的纪念品更是炙手可热。来到大满贯可以购买印有纽约风景图案的邮票、书签、明信片等物品，也可购买印有“I LOVE NEW YORK”字样的其他礼品。当然，这里最为有趣的商品则是印有纽约市警察局、消防局等公共机构缩写字母的物品。

04 殖民地

纽约最出名的音乐艺术品商店之一

TIPS

1619 Broadway New York, NY 10019-7412, United States 乘地铁在49nd St.站出站 212-265-2050 ★★★★

殖民地是时报广场附近最具艺术文化气息的商店之一，这里会聚各种音乐作品，是音乐爱好者的必去之地。来到这里能够买到各种音乐CD、VCD、DVD和蓝光光碟，大名鼎鼎的黑胶碟也会显露身影，因此来到这里的人们可以购买到许多珍稀的音乐制品。殖民地里最受欢迎的物品则是那些在百老汇上演的音乐剧商品，既有各种海报和宣传单，也有主演者的签名和剧照，而那些剧中人物所穿的服装则是这里的非卖品。

05 杜莎夫人蜡像馆 赏

美国最著名的蜡像馆之一

杜莎夫人蜡像馆是纽约最受欢迎的景点之一，它在世界上众多蜡像馆中也是名列前茅的，是一个不可错过的景点。这个蜡像馆里云集了各种名人的蜡像，尤其以美国体育演艺圈的明星居多，包括一代艳星玛丽莲·梦露、篮球天王乔丹、棒球明星贝比·鲁斯等，中国篮球明星姚明的蜡像也在这里。来到杜莎夫人蜡像馆的游客可以和那些栩栩如生的蜡像合影，留下永久的纪念。这里还有鬼屋，里面有各种杀手和罪犯的蜡像，阴森的氛围令人战栗不已。

TIPS

234 West 42nd Street New York, NY 10036, United States 乘地铁在Time Square 42nd St.站出站 800-246-8872 35.5美元 ★★★★★

06 玩具反斗城 买

别有洞天的玩具城

玩具反斗城是美国第一家玩具超市，至今仍长久不衰，是一个购买儿童玩具和游玩的好地方。这家超市看似面积不大，但它合理地利用了各种空间，不但拥有众多的分类区域，还拥有自己的游乐园。这里最能吸引游客目光的是一个三层楼高的摩天轮，旁边则是一个威武凶猛的霸王龙模型，附近的天花板还悬挂着吉普车和蜘蛛侠的模型。玩具反斗城的各种玩具种类一应俱全，无论男孩女孩都能在这里买到心爱的玩具。

TIPS

1514 Broadway New York, NY 10036, United States 乘地铁在Time Square 42nd St.站出站 646-366-8800 ★★★★

07 Joe Allen 吃

时报广场上的老字号

Joe Allen是一个充满了温馨气息的酒吧，也是四十六街上最有名气的餐厅。20世纪60年代开始营业，长久以来一直拥有很好的口碑。这里的用餐氛围良好，食客们可以在柔和灯光中观看菜单，悠扬的蓝调音乐声则给这里营造出了典雅的氛围。Joe Allen的饭菜看似平凡无奇，都是些美国常见的食物，但是它的味道却让人赞不绝口，其中以牛排、汉堡、肋排、鲜鱼最受欢迎，而白酒蜗牛、白酒西红柿淡菜则是这里的独有佳肴。

TIPS

326 West 46th Street New York, NY 10036, United States 乘地铁在42nd St. Port Authority Bus Terminal站出站 212-581-6464 ★★★★

08 国际摄影中心 赏

摄影艺术的圣地

国际摄影中心是展出各种摄影艺术作品的地方，这里还收集了著名的摄影组织ICP不同时期的诸多佳作，是摄影爱好者必去之地。这里的展品大都具有打动人心的力量，那些精彩的瞬间被记录了下来，能够让观者被照片之外的故事所打动。国际摄影中心还是一个特别具有人文关怀情结的展览中心，那些蕴涵着普世价值的照片让人欷歔不已。这里还经常举办国际知名摄影家的个人展览，那些具有鲜明风格的作品极具视觉冲击力。

TIPS

1114 Avenue of the Americas at 43rd Street New York, NY10036, United States 乘地铁在42nd St.站出站 212-857-0000 12美元 ★★★★

09 布赖恩特公园 玩

纽约著名的市区公园

布赖恩特公园曾是纽约著名的不法之地，一度成为纽约毒品和枪支的交易中心，匪徒横行，令人望而却步。这个公园经过大规模改造之后，已经成为附近居民休闲娱乐的好地方，也是游客们休息放松的场所。现在的布赖恩特公园是各种影视剧的外景场地，在美剧《欲望都市》中这里就曾多次出现。来到这里的人们既可以前往图书馆和阅览室阅读书籍，也可以到溜冰场去一显身手，而园区里的露天烧烤区则是用餐的好地方。

TIPS

25 West 40th New York, NY 10018, United States 乘地铁在42nd St.站出站 ★★★★★

10 百老汇大道 逛

全球最著名的音乐剧中心

说到百老汇，人们就会想起以《歌剧魅影》、《狮子王》为代表的音乐剧，这个拥有众多剧场的街道已经成为美国戏剧和音乐剧的代名词，吸引了全世界的游人来此观看精彩的演出。这里的戏剧演出大都通俗易懂，没有那种矫揉造作的氛围，适合各个年龄段的观众欣赏。百老汇大道的剧场设施先进，观赏氛围良好，运用了各种先进的声光影音手段，能够给台下的观众们带来梦幻般的享受。这里是纽约最具魅力的景点之一，也是游客们不可错过的去处。

TIPS

Broadway Avenue New York，NY 10036-3902, United States 乘地铁在42th St.站出站 ★★★★★

看点 01 《歌剧魅影》

百老汇最著名的音乐剧之一

《歌剧魅影》是一部结合了爱情、惊悚等众多元素的音乐剧，是百老汇的招牌剧目，也多次被搬上大银幕，具有很高的影响力。它改编自法国小说，以巴黎的歌剧院为舞台，讲述了一段令人叹息的爱情故事，展现了人世间的爱恨情仇。

看点 02 《妈妈咪呀》

全球知名的音乐剧

《妈妈咪呀》是一部广受欢迎的喜剧，它讲述的是一个新娘与她的三位“父亲”候选人之间的有趣故事。这部戏剧能让人们在哄堂大笑中感受到人生哲理，并对爱情、友谊和愿望进行了诠释，拥有很高的欣赏价值，也具有打动人心的力量。

畅游美国 纽约时报广场

看点03 《狮子王》

享誉世界的儿童戏剧

《狮子王》是根据同名电影改编而来的，它拥有不逊于原作的精彩音乐和歌曲，深受不同年龄段观众的喜爱。这部音乐剧虽然讲述的是一个复仇的故事，但更主要的是再现了一个少年克服内外困难、获得胜利的成长经历。因此得到了很高的评价，获得过众多的奖项。

看点04 《HAIR》

曾遭遇禁演的作品

《HAIR》创作于20世纪60年代，因忠实展现了当时的嬉皮士文化和各种非主流行为，而被迫告别了百老汇的舞台。这部作品讲述了那个年代的年轻人放荡不羁的生活，他们在特立独行的同时又在寻找自己的人生价值，舞台上的演员将他们的复杂心态完美地再现出来。

看点05 《芝加哥》

根据真实事件改编的戏剧

《芝加哥》讲述的是Roxie梦想成为明星，却不幸失手杀人，本以为她要身陷牢狱的时候却在律师的帮助下获得释放，最终成为明星的故事。这部戏剧具有很强的写实风格，并将世间百态淋漓尽致地展现在观众的面前。

看点06 《曼菲斯》

百老汇的著名剧目

《曼菲斯》讲述的是一段发生在种族歧视极为严重的年代的爱情故事。白人Huey和一个黑人女歌手因为音乐而相爱，他们携手跨越了各种障碍，最终获得了世界的承认。有趣的是这部戏剧里演奏了很多早期的经典摇滚乐曲目，具有很强的时代气息。

看点07 《西区故事》

根据《罗密欧与朱丽叶》改编而来的舞台剧

《西区故事》是百老汇上映的最经典的爱情音乐剧之一，它改编自莎士比亚的名篇《罗密欧与朱丽叶》，是以爱情悲剧为题材的舞台剧代表作。这个戏剧虽然改变了故事发生的时代背景和地域，但是那种打动人心的爱情悲剧在舞台上被淋漓尽致地展现出来，令人感动不已。

看点08 《费拉》

根据音乐大师生平事迹改编的戏剧

“Afrobeat”音乐创始人Fela Anikulapo-Kuti是现代音乐史上的重要人物，他的作品影响了其后的很多音乐大师，而《费拉》就是讲述他生平故事的戏剧。这部作品不但介绍了这位音乐人的人生历程，还演奏了许多精彩的音乐作品，令台下观众如痴如醉，是近年来最有影响力的音乐剧之一。

看点09 《爱登士家族》

百老汇最受欢迎的新剧目

《爱登士家族》是一部在2010年才开始上演的戏剧，它的演出次数虽然相对较少，但却获得了很高的评价。这是一部用喜剧的手法描述两个不同成长环境的年轻人在相爱之后，因为双方父母见面而产生的各种令人啼笑皆非的故事。

AMERICA GUIDE

纽约大中央总站

历史悠久的纽约大中央总站是纽约的地标建筑之一，同时也是全球规模最大的铁路交通枢纽。

01 纽约大中央总站

全世界最大的火车站之一

纽约大中央总站共拥有44个月台及67条轨道，是全世界规模最大的火车站之一，同时也是纽约的一处地标性建筑。纽约大中央总站历史悠久，车站的天花板曾经被过往旅客吸烟呼出的尼古丁熏黑，现今则绘有一幅美丽的黄道十二宫星座图。此外，中央问讯台屋顶还有一座巨大的球形镀金自鸣钟，据说其造价高达千万美元，成为大中央总站的标志之一。

TIPS

Grand Central Terminal New York, NY 10017, United States 乘地铁在Grand Central 站出站即可到达

★★★★★

看点01 大中央总站市场

规模不小的市场

纽约大中央总站的市场内不论肉类、海鲜、蔬菜、水果，还是香料、果酱、干酪、火腿、面包，都应有尽有，是纽约规模最大的菜市场之一。

看点02 纽约交通博物馆商店

购买纽约地铁相关纪念品

在位于大中央总站内的纽约交通博物馆商店里可以买到与纽约历史上各种交通运输行业相关的纪念品，例如汽车、火车还有飞机等在纽约出现过的交通工具模型。

TIPS

Frnt A, 405 Lexington Avenue New York, NY10174-0005, United States 乘地铁在Grand Central站出站，步行2分钟即可到达 212-682-4639

02 克莱斯勒大厦

纽约最早的摩天大厦

由克莱斯勒汽车制造公司的创建者沃尔特·P.克莱斯勒出资兴建的克莱斯勒大厦高305米，共有77层，是纽约第一幢摩天大厦。作为克莱斯勒汽车帝国的标志之一，克莱斯勒大厦楼顶装饰有形似汽车散热器帽盖一样的不锈钢罩壳，同时在大楼的61层装饰有一个克莱斯勒标记的老鹰雕像。

03 联合国总部

联合国总部所在

位于曼哈顿东河岸的联合国总部拥有秘书处大楼、会议厅大楼、大会厅和哈马舍尔德图书馆四幢建筑。其中秘书处大楼通体玻璃墙面，大楼前的旗杆上悬挂着联合国所有会员国的国旗，因为其四方的外形而被称为“火柴盒”，是联合国总部的核心建筑。

TIPS

760 United Nations Plaza New York, NY 10017, United States 乘地铁在Grand Central站出站步行10分钟即可到达 212-963-1234 ★★★★★

04 纽约公共图书馆

新古典主义的美国最大图书馆

由多个图书馆合并而成的纽约公共图书馆规模宏大，其建筑是新古典主义风格的宫殿式建筑，门前还有两座石雕卧狮，分别被称为阿斯特狮和莱努克斯狮，是美国最大的图书馆。纽约公共图书馆内拥有全世界最大的无柱房间之一，长阅览桌上摆放着古色古香的铜台灯，与当年开馆时一模一样，是无数人追求知识的殿堂。

5th Avenue New York, NY 10018-2788, United States 乘地铁在42nd St.站出站步行2分钟即可到达 212-275-6975 ★★★★★

05 摩根图书馆与博物馆

收藏"艺术"的图书馆

TIPS

29 East 36th Street New York, NY 10016, United States 乘地铁在33rd St.站出站步行3分钟即可到达 212-685-0008 ★★★★

位于麦迪逊大道上的摩根图书馆与博物馆是有"华尔街帝王"之称的传奇金融家佩彭·摩根创建的。摩根秉承"金融转瞬即逝，艺术永恒不朽"的理念，收藏了从文艺复兴时期至今的美术、文学、音乐等不同领域30余万册艺术图书，以及全美国最多的名家手稿原迹、画作和历史性图书，堪称一座艺术宝库。

06 第五大道

纽约最繁华的时尚大道

最初在19世纪不过是空旷农地的第五大道位于曼哈顿岛中心地带，是区分曼哈顿东西区的标志，同时也是纽约的商业、文化、购物中心。在这条繁华时尚的街道两侧林立着众多摩天大厦和时尚名品店，帝国大厦、纽约公共图书馆等纽约的地标性建筑也都位于第五大道，与周围过往的路人一同构成了纽约的时尚街景。

TIPS

5th Avenue New York, NY 10021, United States 乘地铁在5th Ave.站出站 ★★★★★

07 苹果专卖店

全世界最大的苹果专卖店之一

TIPS

767 5th Avenue New York, NY 10153, United States 乘地铁在5th Ave.站出站步行1分钟即可到达 212-336-1440 ★★★★★

第五大道汇集了众多时尚名品的商家，而作为最时尚的IT品牌苹果自然不甘落后，其设在第五大道的苹果专卖店是全世界最豪华、规模最大的苹果专卖店之一。通体透明的苹果专卖店作为第五大道最具魅力的建筑之一，可以在这里买到各种苹果品牌的MAC电脑、iPod播放器、iPad、iPhone等产品和配件，是全世界果粉心中的一座圣殿。

08 施瓦兹玩具店

北美大陆历史最悠久的玩具店之一

位于第五大道上的施瓦兹玩具店是北美大陆历史最悠久的玩具店之一，店内装饰充满童趣，在其“娱乐零售”的理念下，各种玩具一同营造出一个舒适愉快的购物空间。除了各种货架上销售的玩具，还可以订购专属于自己一人的芭比娃娃。此外，在施瓦兹玩具店内还设有陶艺工作室，可以增强动手能力，制作一件自己的陶器。

767 5th Avenue New York, NY 10153, United States 乘地铁在5th Ave.站出站步行1分钟即可到达 212-644-9400 ★★★★

09 贝格多夫古德曼百货公司

有百年历史的时尚百货公司

迄今已有100多年历史的贝格多夫古德曼百货公司是第五大道上规模最大的一家百货公司，其营业面积几乎占据了整个街区。在这家传统的时尚百货公司内，优雅的购物环境令人可以享受最高级的购物体验，各种世界知名的奢侈品牌和时尚商品永远走在流行的最前沿。此外，在贝格多夫古德曼百货公司还设有水疗中心等休闲设施，供人在购物之余缓解疲劳，放松身心。

754 5th Avenue New York, NY 10022, United States 乘地铁在5th Ave.站出站 800-558-1855 ★★★★

10 亨利·邦戴尔百货公司 买

纽约地标性建筑的百货公司

建于19世纪末的亨利·邦戴尔百货公司是纽约一处历史悠久的综合商场，作为纽约最古老的大型百货公司之一，亨利·邦戴尔百货公司在20世纪末搬到第五大道，是第五大道上一处醒目的地标性建筑。以女性服饰和用品为主的亨利·邦戴尔内入驻了香奈儿、爱马仕等奢侈品牌，并且经常举办各种服饰展览会，可以近距离欣赏众多设计师的优秀作品，堪称第五大道上一处时尚亮丽的流行地标。

TIPS

712 5th Avenue New York, NY 10019-4108, United States 乘地铁在5th Ave.站出站步行2分钟即可到达 800-423-6335 ★★★★

11 布鲁明戴尔百货店 买

美国最著名的连锁百货商店

成立于1861年的布鲁明戴尔百货店是梅西百货旗下的百货连锁店品牌，在全美拥有36家分店，是美国著名的百年历史百货公司。历史悠久的布鲁明戴尔在百余年来一直坚持给顾客使用棕色的购物纸袋，充满怀旧氛围。此外，每年圣诞商店都会有大减价活动，其亮丽的橱窗吸引众多路人驻足观看。

TIPS

59th Street & Lexington Avenue, 1000 Third Avenue New York, NY 10022, United States 乘地铁在59th St.站出站步行1分钟即可到达 212-705-2000 ★★★★

12 萨克斯第五大道 买

顶级的百货公司之一

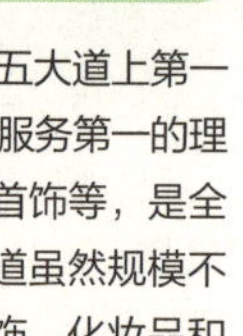

开业于1824年的萨克斯第五大道是第五大道上第一家开业的大型零售店，近200年来一直秉承服务第一的理念，经营各种男女时装、时尚用品和珠宝首饰等，是全世界顶级的百货公司之一。萨克斯第五大道虽然规模不大，但店内装饰奢华典雅，晶莹璀璨的首饰、化妆品和香水是这里最受欢迎的商品。此外还有一些限量版款式的商品只有在这里才可以买到，吸引了很多人专程前来购物。

TIPS

611 5th Avenue New York, NY10022, United States 乘地铁在51st St.站出站步行2分钟即可到达 877-551-7257 ★★★★★

13 钻石区 逛

纽约的钻石珠宝城

纽约钻石区位于第五大道与第六大道之间，这里最初是纽约乃至全世界最大的街头图书超市，现今则汇集了众多珠宝店铺，使纽约成为和伦敦、布鲁塞尔、约翰内斯堡、新德里等地齐名的钻石之都。琳琅满目的钻石和各色璀璨的宝石摆在橱窗内，吸引了过往行人停下脚步欣赏这些动人心魄的珠宝。

TIPS

66 West 47th Street New York, NY 10036, United States 乘地铁在47th-50th Sts. Rockefeller Center站出站步行3分钟即可到达 ★★★★★

14 洛克菲勒中心 赏

纽约乃至美国的标志之一

建于1939年的洛克菲勒中心由19栋摩天大楼组成，是由美国最著名的洛克菲勒家族投资修建，被誉为20世纪最伟大的都市计划之一。高70层的通用电气楼是洛克菲勒中心最高的建筑，游人还可登上大厦顶部的观景台——巨石之顶，在259米的高空鸟瞰曼哈顿全景。

TIPS

1250 Avenue of the Americas New York, NY10112, United States 乘地铁在47th-50th Sts. Rockefeller Center 站出站步行1分钟即可到达 212-632-3975 ★★★★★

看点01 无线电音乐厅

洛克菲勒中心最受欢迎的地方

可容纳6000位观众的无线电音乐厅位于通用电气大楼内，其装饰风格美轮美奂，充满20世纪30年代的氛围，除了平日歌手巡回演出外，无线电音乐厅每年的圣诞表演都是一年一度的盛事。

看点02 NBC摄影棚

参观旧时的广播世界

美国三大电视公司之一的NBC也位于通用电气大楼内，NBC的“夜间新闻”、“星期六晚上生活”等美国人喜爱的节目都在这里录制，可了解旧时的广播世界。

15 圣帕特里克教堂 赏

纽约最大的教堂之一

毗邻洛克菲勒中心的圣帕特里克教堂建于1878年，是一幢拥有百米尖塔的哥特式砖石教堂，同时也是纽约规模最大的教堂之一。圣帕特里克教堂外墙装饰着大量精美的浮雕，内部装饰美轮美奂，天顶上的光线洒在圣坛上，充满了庄严神圣，是纽约最著名的一座教堂。

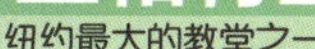

TIPS

14 East 51st St. New York, NY10022, United States 乘地铁在47th-50th Sts Rockefeller Center站出站步行3分钟即可到达 212-753-2261 ★★★★

TIPS

11 West 53rd Street New York, NY 10019-5497, United States 乘地铁在47th-50th Sts Rockefeller Center 站出站步行3分钟即可到达 212-708-9400 20美元 ★★★★★

16 纽约当代艺术博物馆 赏

当代艺术的圣殿

纽约当代艺术博物馆的主展馆高34米，内部光线明亮柔和，顺着楼梯向上可一路欣赏博物馆内收藏展示的从19世纪至今的绘画作品、雕塑、版画、摄影、印刷品、电影、商业设计、建筑、家具及装置艺术等15万件藏品，堪称一座当代艺术的圣殿。

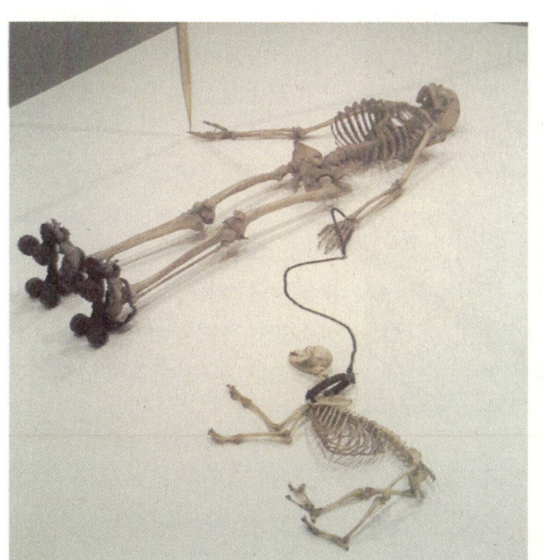

17 川普大厦

华尔街王冠上的宝石

建于1930年的川普大厦的前身是纽约巨富唐纳德·川普投资建设的曼哈顿银行大厦，这幢高88层的摩天大厦在当时仅用11个月就修建完成，堪称一项神奇纪录。这幢外观古色古香的大厦拥有宏伟的基座和巨大的尖顶，搭配金色的楼身，美轮美奂，被纽约人誉为“华尔街王冠上的宝石”，是纽约上流社会所钟爱的一处场所。

TIPS

Ste 2401, 725 5th Avenue New York, NY 10022-2564, United States 乘地铁在5th Avenue站出站步行3分钟即可到达 212-832-2000 ★★★★

18 NBA专卖店

买

纽约最著名的NBA专卖店

NBA在全世界各地都拥有无穷魅力，而来到美国的游客中也不乏NBA的狂热Fans。这家位于第五大道上的NBA专卖店作为纽约最著名的NBA专卖店，除了球衣、球鞋、护腕乃至大鲨鱼奥尼尔的摇头娃娃等各种NBA周边产品和运动装备外，还提供免费的篮球游戏试玩。此外，NBA的众多篮球巨星也会专程来这里出席签售活动，举行各种和球迷的互动活动。

TIPS

666 5th Avenue New York, NY 10103, United States 乘地铁在47th-50th Sts. Rockefeller Center站出站步行3分钟即可到达 212-515-6221 ★★★★★

19 IBM大厦

绿意盎然的IBM公司前总部所在

虽然名为IBM大厦，但1994年IBM公司就已经将总部迁离这里，因而这里也被纽约人直接称为“麦迪逊大街590号大楼”。这幢建于1983年的IBM大厦楼高184米，其建筑外观呈楔形，从不同角度望去会呈现出不同造型，令人印象深刻。此外，IBM大厦最为醒目的还是这里结合玻璃和钢材结构与绿色植物装饰的沿街咖啡厅，是一处远离都市喧嚣、绿意盎然的休闲场所。

TIPS

Bsmt L4, 590 Madison Avenue New York, NY 10022-2593, United States 乘地铁在5th Avenue站出站步行4分钟即可到达 212-803-0011 ★★★★

20 西格拉姆大厦

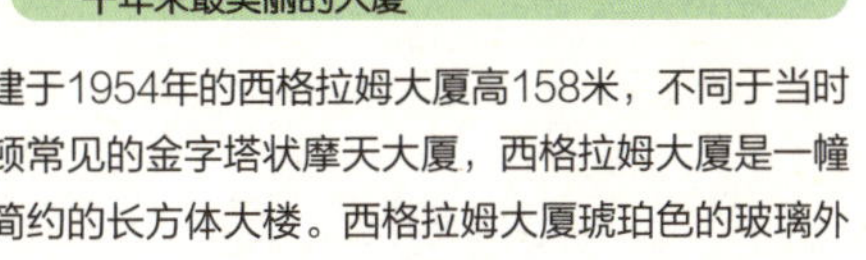

一千年来最美丽的大厦

建于1954年的西格拉姆大厦高158米，不同于当时曼哈顿常见的金字塔状摩天大厦，西格拉姆大厦是一幢外观简约的长方体大楼。西格拉姆大厦琥珀色的玻璃外墙搭配青铜窗格，给人以高贵典雅的印象，引领了纽约现代风格简约大厦的建筑风潮，被赞誉为“一千年以来最美丽的建筑”。

TIPS

375 Park Avenue New York, NY10152, United States 乘地铁在51st St.站出站步行3分钟即可到达 212-484-1200 ★★★★★

AMERICA GUIDE

纽约帝国大厦

摩天大厦鳞次栉比的纽约最著名的大楼之一就是建于1930年的帝国大厦。高102层的帝国大厦曾经是纽约的制高点，现今也是纽约人的骄傲和城市标志。

01 帝国大厦

纽约永恒的地标

TIPS

350 5th Avenue # 3304 New York, NY 10118-3304, United States 乘地铁在34th St.站出站 212-736-3100 86层观景台18.45美元，102层观景台另加15美元 ★★★★★

帝国大厦是纽约最著名的摩天大楼，它曾是纽约最高的地方，现在则和自由女神像一起成了纽约永恒的地理标志。同时它也是纽约人的骄傲，是纽约发展的见证。这座大厦建于1930年，只用了410天就完成了全部102层的施工，创造了当时的建筑奇迹。帝国大厦内部的装饰很具特色，采用了来自意大利、法国、比利时、德国等地不同颜色的大理石，让这里显得五彩缤纷。建成以来，帝国大厦一直都是各种电影、电视剧的宠儿，到处都能看到它的身影，无数主角在它的映衬下成为“救世主”。

观景台

一览众楼小

在帝国大厦上拥有两处观景台，一处位于86层，另一处则位于顶层102层，在这里可以360度俯瞰纽约的全景，看那原本高耸入云的一座座高楼大厦全都变成自己脚下的小矮子，而街上的人群则更是宛如小蚂蚁一般，熟知的世界仿佛变了个样，让人心情十分畅快。

02 梅西百货 买

纽约极具代表性的百货公司

梅西百货是美国联合百货公司旗下的连锁零售企业，创办于1858年。最初这家店不过是一家私人小百货公司，但是当1924年新装修的商店出现在纽约第七大道上的时候，被誉为“世界最大的商店”。这家百货公司在一百多年的经营历史中一直都秉承顾客至上的理念，要求每一个营业员都站在顾客的立场为顾客的利益考虑。因此虽然梅西百货的规模在纽约各大百货公司中并不是很显眼，但是这里一直都是纽约口碑最好的百货商店，甚至有“没有去过梅西百货就不算来过纽约”的说法。

TIPS

151 West 34th Street New York, NY 10001-2101, United States 乘地铁在34th St.站出站 212-695-4400 ★★★★

03 韩国村 逛

展示韩国风情

韩国村距离帝国大厦不远，是美国最大的韩国移民社区。这里的一切都很“韩国”，到处都是韩文的招牌和标志，甚至连路边的路牌都是用韩文书写的。在这里随处都能看到富有韩国特色的商店，让人好像身处首尔的明洞或是其他商业街一样。街上来来往往的有很多也是黑头发黄皮肤的韩国人。在韩国村首屈一指的当属著名的韩国料理，除了世人皆知的泡菜以外，韩国烤肉和冷面也都是美国人最喜欢的食品。这里的韩国料理风味相当正宗，十分美味，是喜欢韩国的人们非去不可的地方。

TIPS

32nd St. 乘地铁在34th St.站出站 ★★★★

04 熨斗大厦

纽约最古老的摩天大楼

熨斗大厦也称福勒大厦，建成于1902年，在帝国大厦出现之前正是这里占据着纽约的制高点。这座大楼前细后粗，就好像一只特大号的熨斗，和周围呈三角形的街区相得益彰。而且这也是纽约最早使用钢筋结构作为骨架的大楼之一。早在大楼建成之初，当地人就调侃这座楼，认为它很快就会倒塌，但是100多年过去了，如今这座高87米的大楼依然出现在有关纽约的各个电视广告和纪录片中，甚至著名的电影《蜘蛛侠》也将这里作为重要的外景场地。

TIPS

1 East 23rd St. New York, NY10010, United States 乘地铁在23rd St.站出站 212-477-0947 ★★★★

05 麦迪逊广场公园

纽约最著名的室外演出场地

麦迪逊广场公园位于第五大道和麦迪逊大道之间，距离熨斗大厦不远，这里早在1686年就已经作为一个公园对市民开放，并且于1847年以美国总统麦迪逊的名字为其命名。公园里到处绿树成荫，四处还能看到各种造型精美的雕塑，古老的景观喷泉还在静静地喷出水柱，一切都显得那么沉静优美。此外这里还是纽约最著名的室外演出场地，包括“林肯公园”等知名的乐队都曾在这里举办过音乐会，炫目的灯光和热闹的氛围更使得这座古老的公园焕发出了新的活力。

East 23rd Street New York, NY 10010, United States 乘地铁在23rd St.站出站 212-538-6667 ★★★★

06 麦迪逊广场花园 玩

纽约的娱乐圣殿

TIPS

7th Ave.at 32nd St. 乘地铁在34th St. Penn Station站出站 212-465-6741 10~55美元 ★★★★★

麦迪逊广场花园是纽约乃至美国最著名的体育馆，由于体育馆就位于宾夕法尼亚地铁站的上方，因此每天人来人往非常热闹，也被人们誉为“纽约的门脸”。麦迪逊广场花园在历史上经历了3次迁址，而且也早已远离了麦迪逊大道，但是这个名字却被保留了下来。如今这里是纽约几支职业冰球、篮球队的主场，也是纽约最主要的音乐会与演唱会的举办地。这里是纽约人娱乐生活的圣殿，是无数孩子心目中的梦工场。这里星光闪耀，数不胜数的经典瞬间在这里诞生，可以说它就是整个纽约文艺历史的写照。

07 古董与跳蚤市场 逛

淘宝的好地方

提起跳蚤市场，人们一般都会联想起脏乱的铺面，混杂的人群，然后一堆堆脏兮兮的商品随意地堆放着。但是在纽约却并非如此，美国是一个二手市场十分发达的国家，所有跳蚤市场都有其固定的地点，所出售的货品也都性价比十足，而且每个跳蚤市场的主营范围还各不相同。尤其是在里面还能淘到不少古董，包括数十年前流行的黑胶唱片、从前的数码产品等，因此吸引了不少收藏爱好者。他们不惜走遍城市的每一个角落，搜索一个个跳蚤市场，就是为了找到他们所心仪的物品。

TIPS

123 W 18th St. # 8 New York, NY 10011-4127, United States 乘地铁在23rd St.站出站 212-243-5343 ★★★★

畅游美国 · 纽约帝国大厦

08 时尚工艺学院博物馆

收藏时尚历史

赏

时尚工艺学院博物馆隶属于同名的大学，这所大学成立于1944年，最初只有100多名学生，不过经过多年的发展，如今已经有学生10000多人，科系30多个，培养出来的学生也都活跃于世界时尚界的前端。而大学内的博物馆也是收藏丰富，里面专门收集有关时装设计历史的藏品，同时还有本大学毕业生所创作的优秀作品。此外博物馆内还设置有绘画室、雕塑室、版画室、图形实验室、设计室和展览室、生活素描室、摄影工作室以及模型制作工作坊等部门，能让学生们尽情展示自己的才华。

TIPS

7th Avenue New York, NY 10001, United States 乘地铁在28th St.站出站 212-217-4558 ★★★★

09 切尔西旅馆

深受艺术家喜爱的旅馆

住

切尔西旅馆位于第七和第八大道之间，建于1884年，在建成之初就以楼层高并附带阁楼和顶层花园而受到当时人们的追捧，在1902年之前它一直都是纽约的最高建筑。如今这座红砖砌成的大楼依然静静地矗立在那里，里面的房间还依然保持着100多年前的样貌。这里最与众不同的地方就是400多间客房中没有两个房间是一模一样的，每个房间都有各自的特色。它的特立独行吸引了不少作家、哲学家和艺术家，包括马克·吐温这样的名家都曾经在这里住过，这也给这座旅馆带来了不少文艺的味道。

TIPS

222 West 23rd St. New York, NY 10011-2393, United States 乘地铁在23rd St.站出站 212-243-3700 ★★★★

10 圣公会神学院 赏

充满神圣氛围的学院

175 9th Avenue New York, NY 10011-4983, United States
乘地铁在23rd St.站出站 212-243-5150 ★★★★

建于1817年的圣公会神学院是纽约最著名的神学院，同时也是英国圣公会在美国的最主要据点。这里到处都充满了浓浓的英伦风情，校内的建筑很多都是传统的红砖建筑，带有十字架的哥特式尖顶塔楼随处可见，显出与其他地方截然不同的宗教色彩。漫步在校园里，让人仿佛穿越于牛津、剑桥这样的知名大学中。而且这所学校里的清静神圣的气氛也是在纽约这座都市丛林中所体会不到的，让人的心灵有一种被洗涤过的感觉。

11 古仕曼排屋 赏

富有英伦风情的住宅群

406-418 West 20th St. New York, NY 10011-2393, United States 乘地铁在23rd St.站出站 ★★★★

古仕曼排屋位于纽约切尔西区，这里是纽约最具英伦风情的地方。古仕曼排屋是由七幢房子并排而成的，它们全都是用红砖砌成，每间房的窗台上都放着各色小花，门外还有式样古老的弯头路灯，让人觉得仿佛身处20世纪的伦敦一般。如今的古仕曼排屋因为是私人住宅，所以不能随便进入参观。但是游客们依然可以看到它们典雅的外观和独特的装饰，这是切尔西区最亮丽的风景线，也算是对这种渐渐消失在人们视线中的传统的一种追忆吧。

12 切尔西艺术博物馆 赏

切尔西区首屈一指的艺术作品展馆

切尔西艺术博物馆是切尔西区首屈一指的艺术作品展馆，这里展示的大多都是当代艺术家的作品。这座博物馆尤其重视美国之外的艺术家的成就，包括亚洲、非洲、拉美等地区的优秀作品在这里都有所展示，反映了整个世界艺术的进步。博物馆里展出的艺术品多种多样，包括版画、雕塑、陶瓷、挂毯和纸质作品等，总计超过500件，这些展品来自世界各地，都是艺术家们精心打造而成。除此之外，这里时常还会举办一些专题展览，向游客们着重介绍某一个范围内的艺术成就。

TIPS

556, West 22 St. Manhattan, New York 10011，United States 乘地铁在23rd St.站出站 212-255-0719 8美元 ★★★★

13 切尔西码头

纽约最著名的码头

TIPS

Chelasea Piers，New York 10011，United States 乘地铁在23rd St.站出站 212-336-6666 ★★★★

切尔西码头曾是纽约最大的航运码头，早在20世纪初这里就是纽约最重要的水运和航运中心，也是最为奢华的码头，著名的皇家邮轮泰坦尼克号沉没后，船上的幸存者也正是在这里登陆的。如今，在传统的船运服务日趋衰落之后，切尔西码头就成了一处大型综合娱乐中心，在这里拥有水疗中心、健身俱乐部、体操中心、攀岩墙、篮球场、曲棍球场、小型足球场、保龄球场、棒球场、溜冰场和高尔夫练习场等体育运动场地，是纽约人进行体育运动和锻炼身体的好地方。此外在这里还有专门的影视制作中心，也是一处重要的电视剧外景地。

14 高架铁道公园

变废为宝的奇迹

高架铁道公园位于曼哈顿西部，是纽约新兴的一处旅游休闲区域。这里采用了一个很了不起的创意，即以一条废弃的高架铁道为中心，建起了这座多功能公园。这条铁路于1980年停运后便一直废弃着，后来当地政府斥资对其进行改造，不但保留了整条铁路，连上面的最原始的装饰也都保存了下来。人们还在铁道周围种植树木和建造水池等景观，将代表人类现代科技的铁路融入美丽的大自然中去。这里被当地居民认为是一个奇迹，成为后来回收利用旧有建筑的典范。

TIPS

529 West 20th Street, Suite 8W New York, NY 10011, United States 乘地铁在14th St.站出站 212-500-6035 ★★★★★

15 罗斯福诞生地

维多利亚风格的传统建筑

美国历史上最著名的总统西奥多·罗斯福出生在一个富商家庭，他的诞生地如今已经被改造成罗斯福纪念馆。这是一座传统的维多利亚风格的建筑，罗斯福在这里度过了自己的童年时光。从这里红砖砌成的墙面、折线形的屋顶、白色的窗户中可以看出这户人家的富裕和舒适。在纪念馆内，每一间房间都保持了过去的原貌，里面的家具和装饰都透出浓郁的古典艺术气息，和罗斯福家的身份十分相称。同时这里还通过大量的图片和实物资料向人们介绍这位奠定了美国超级大国基础的伟大总统的一生。

TIPS

28 East 20th Street New York, NY 10003-1399, United States 乘地铁在23rd St.站出站 212-260-1616 ★★★★

16 联合广场

地处要冲的广场

联合广场是纽约最为重要的广场之一，这里连接着百老汇大道、公园南大道、第四大道及百老汇大街的延长线共四条纽约主干道，是纽约交通名副其实的“联合”之处。在这座广场周边也可谓“群英荟萃”，既有像纽约大学这样的高等学府，也有各种名牌名品开设的旗舰店，还有各种百老汇剧场，甚至在广场的一角还有一个交易市场，每天都会提供新鲜的蔬菜和水果，是纽约市民购买果蔬的一个重要地方。此外，这里也是纽约市内一个主要的聚集和活动场所，还是纽约的地标之一。

TIPS

529 West 20th Street, Suite 8W New York, NY 10011, United States 乘地铁在14th St.站出站 212-500-6035 ★★★★★

华盛顿骑马像

联合广场的标志

在联合广场上有很多历史名人的塑像，其中位于广场南部的就是这座华盛顿骑马像，像中的华盛顿身着戎装，英姿勃发。他手持马鞭，指向远方，好像是在指挥着美国人民为了自由和独立奋勇前进一般。整座雕像大气磅礴，工艺精湛，是联合广场的重要标志。

17 Strand 买

世界上最大的旧书书店

Strand号称世界上最大的旧书书店，它的总店就位于百老汇大街上，同时在曼哈顿的中城区和下城区也都有分店。要说Strand到底有多少书，恐怕没有人能够数得清。自这家店创始起，就号称“8英里的图书长廊”，如今这个自豪的称呼已经被改成了16英里，可见这里的规模。走进书店，立马就能体会到“一眼望不到头”是什么感觉，身边密密麻麻排满的都是书，不过不必担心会迷路，书店里的标志十分完善，无论是半价书还是期刊都分得一清二楚，让人感觉十分便利。

TIPS

828 Broadway New York, NY 10003, United States 乘地铁在14th St.–Union Sq.站出站 212-473-1452 ★★★★

18 阿斯特广场 逛

富有艺术气息的广场

TIPS

Astor Place New York, NY 10003-6935, United States 乘地铁在Astor Place站出站 ★★★★★

说到阿斯特广场就不能不提到美国的传奇富翁约翰·雅各布·阿斯特，他是一位德裔美国皮毛业商人，出生于一个小小的屠夫之家，经过多年的打拼而成为美国历史上曾排第四位的富翁，他在纽约拥有700余家商铺，成为后世美国梦的最著名典范。而以他的名字命名的广场现在则是那些满怀梦想的街头艺术家们抒发艺术情怀的好地方，在这里到处可以看到有人在演奏音乐、画画、跳舞等，他们的艺术作品充满创意和朝气，满怀着他们对未来的理想，让人耳目一新。

看点01 Blue Man Group

著名的表演团体

想必看过Intel广告的人们肯定对那三个一身蓝色、专门进行打击乐演奏的组合印象深刻，他们就是著名的Blue Man Group。他们的表演融合了舞蹈、音乐、哑剧等多种特点，最大限度地运用肢体语言来展示他们的艺术，让人印象十分深刻。

看点02 老乔酒吧

酒吧艺术家们表演的胜地

位于阿斯特广场附近的老乔酒吧是著名的酒吧艺术家们表演的胜地，这家酒吧装饰看起来十分古典，有点类似于20世纪40年代的风格。而且酒吧里音响系统调校得非常出色，人们可以一边喝酒一边享受乐手带来的蓝调音乐或是爵士乐等，感受一种浪漫的情怀。

看点03 Trash & Vaudeville

前卫的服饰品牌

Trash & Vaudeville是纽约知名的前卫服饰品牌，曾经是20世纪美国朋克风格的代表。这个品牌的货品通常都以狂放、豪迈的风格为主，充满了叛逆的色彩。这也正是那个时代美国文化的真实反映。至今在这里依然可以买到这些东西，感受那曾经的文化。

19 圣马可广场

多种文化交融的见证

圣马可广场是依照威尼斯的同名广场而建成的，早在20世纪60年代，这里就成了当时嬉皮士们的主要聚集场所，同时这里也是纽约多种文化互相交融撞击的见证者。在这个广场周围可以看到各种纪念品商店和餐馆，寿司店和匹萨店并排而立，中国餐馆和韩国料理相互竞争，形成一道道亮丽的风景线。而一到晚上，广场周围商店都会亮起五彩斑斓的灯光，构成一幅幅动感而又鲜艳的美丽图画，让这里一下子就充满了现代艺术感，整个人都会随之跃动起来。

St.Mark’s Place
★★★★★

* 马赛克镶嵌路灯

多姿多彩的马赛克路灯

马赛克镶嵌路灯可以说是圣马可广场上最显眼的景观，每一根路灯灯柱上都用五颜六色的马赛克拼贴出各种图案，甚至连路灯的玻璃罩子上都被贴上了各种色彩，这让整个广场到了晚上就成了色彩的海洋，平凡的路灯也成为出色的工艺品。

20 种植区的圣马可教堂 赏

纽约的古老教堂之一

TIPS

131 East 10th Street New York, NY 10003-7504, United States 乘地铁在1st Ave.站出站 212-674-6377 ★★★★

种植区的圣马可教堂是纽约早期的重要宗教场所，它所处的地方原本是荷兰殖民时期荷兰人的种植园，当时纽约还被叫做新阿姆斯特丹，当地总督死后就被埋葬在这座教堂后的墓地中，这也开启了这里作为诸多名人埋骨之所的先河。如今这里也已成为一处多种文化交流的地区，教堂的外观是十分传统的，但是却允许前卫的现代艺术演出，甚至来这里参观的游客也可以加入教堂的唱诗班中一起演唱，这在别处是体验不到的。

21 维尼耶罗糕饼店和咖啡馆 吃

纽约市最受人们欢迎的美食店之一

维尼耶罗糕饼店和咖啡馆是纽约市内最受人们欢迎的美食店之一。这家店历史悠久，至今已经有100多年历史，以制作各种新鲜松软的蛋糕和美味香浓的咖啡而闻名。曾经有很多美国历史上知名的人物都做过这家店的座上客，而且每到逢年过节，来这家店购买一些蛋糕作为节庆用品已经成了纽约人的习惯，可见这家店在纽约人心目中的重要地位。这家店最著名的招牌产品当属意大利奶酪蛋糕，在松软的蛋糕上有一层厚厚的意大利奶酪，吃起来香甜可口，让人回味无穷，如果有机会可一定不能错过。

TIPS

342 East 11th Street New York, NY 10003, United States 乘地铁在1st Ave.站出站 212-674-7070 ★★★★

AMERICA GUIDE

纽约华盛顿广场公园

华盛顿广场公园是纽约市内波西米亚风情最浓郁的地方，园内高23米的大理石拱门建于1889年，是纽约的城市标志之一。

01 华盛顿广场公园 玩

纽约最具波西米亚风情的地方

华盛顿广场公园位于纽约大学范围内，这里是纽约市内最具波西米亚风情的地方。园内最著名的景点当属高23米的巨型大理石拱门，这是纽约的标志性建筑之一。这座拱门建于1889年，是为了纪念乔治·华盛顿就任总统100周年而建。通过拱门，走到公园的正中央就能看到一座高大的华盛顿总统塑像，其身旁则是意大利开国英雄加里波第塑像。每天这里都会聚集很多先锋前卫的艺术家和朋克族，他们或演奏音乐，或打扮成各种古怪的样子搞笑耍宝，成了这里最具特色的一道风景线。

TIPS

New York, NY 10012，United States 乘地铁在West 4th St.站出站 212-387-7676 ★★★★★

看点01 纽约大学

美国最大的私立大学

纽约大学位于纽约的中心地带，是美国最大的私立大学。这座成立于1831年的名校至今已经走出过无数知名学者与政治家。这里虽然没有特别漂亮的校园，但是丰富的藏书却使得这里为人所称道。在纽约大学里有五座独立的图书馆以及为数更多的各系图书馆，容纳了超过200万册的各色书籍，学术气息十分浓厚。

看点 02 朱德森纪念教堂

文艺复兴风格的教堂

朱德森纪念教堂位于华盛顿广场公园的南侧，这里是为了纪念美国著名的传教士朱德森而建的。这是一座造型雄伟的文艺复兴风格建筑，外观仿制自罗马的圣母大殿，而且是用彩色石膏仿造成大理石样式建成，很具特色。此外，教堂的14扇彩绘玻璃窗全是著名的花窗玻璃设计大师约翰·拉法奇的作品，很具艺术性。

看点 03 华盛顿马房小街

清静而富艺术感的小街

华盛顿马房小街位于华盛顿广场公园一侧，这里原来是一处社区马房，后来被改造成纽约大学教师的宿舍和办公室。因此这里非常幽静，除了能看到几个街边艺术家在这里进行创作外，基本远离了现代城市的喧嚣，让人能获得难得的清静时光。

02 商人之家博物馆

赏

商人住宅改建的博物馆

商人之家原先是居住于纽约的商人泰德威尔（Seabury Tredwell）一家的住宅，如今已经被改造成一座反映旧时纽约风貌的博物馆。这座博物馆造型是当时最流行的文艺复兴式建筑，红色的砖墙给人以一种古典的感觉。在博物馆里完全保留了过去的陈设，甚至连家具都是最初的状态。一楼是当时的客厅和客房，二楼是泰德威尔一家的卧室和书房，地下室则是厨房和储藏室，似乎还能看出些许当时生活的痕迹。从这些旧陈设中人们可以看到时代的变迁，是美国历史的见证。

TIPS

29 East 4th Street New York, NY 10003-7003, United States 乘地铁在Astor Place站出站 212-777-1089 10美元 ★★★★

TIPS

41 Cooper Square, New York, NY10003, United States 乘地铁在Astor Place站出站 212-677-7222 ★★★★

03 库珀联合学院

赏

新教学楼为建筑界的奇迹作品

库珀联合学院创办于150多年前，下设建筑学院、艺术学院与工程学院，因为这家学院是全美仅有的几座提供完全免费教育的学院之一，所以也就成了美国最难申请的大学。在库珀联合学院中最引人注目的当属它的新教学楼，这座大楼是普利兹克奖得主Thom Mayne所设计的，造型好似一块从天而降的陨石一般，建筑表面棱角分明，闪烁着金色的光彩，表面裂纹一样的设计使得它更富有现代感和视觉冲击力。关于自然采光，最为奇妙的是它能根据时间、季节、天气，不断变化颜色深度。走进大楼，螺旋形的结构和巨大的窗子更给人以震撼的感觉，而且内部将自然采光和电气灯光有机地结合在一起，使得这幢大楼看起来更像是一件精美的艺术品。

04 McSorley’s Old Ale House 吃

坚持传统的古老酒吧

McSorley’s Old Ale House号称美国最古老的酒吧，它开业于1854年，至今已经有超过150年的历史。在这家酒吧里到处都陈列着各种古老的玩意儿，包括一个世纪前的煤气灯、桃花心木的吧台等。不仅设施上古老，这里坚持古老的传统到了顽固的地步，至今依然秉承旧时英国传统，不招待女性顾客，同时只提供清啤酒和黑啤酒这两种饮料。这种特立独行的风格吸引了很多顾客，美国总统林肯和罗斯福、甲壳虫乐队的主唱约翰·列侬等赫赫有名的人物都曾经是这里的座上客。因此这儿150多年来一直都是顾客盈门，十分热闹。

TIPS

15 East 7th Street New York, NY 10003-8001, United States
乘地铁在Astor Place站出站 212-474-9148 ★★★★

05 布里克街 逛

盛着意大利美味的面包篮子

布里克街位于纽约著名的意大利社区“小意大利”之内，也被人们称作“盛着意大利美味的面包篮子”。在这条街上有很多历史悠久的老食品店，到处都能看到居住在当地的居民手持小篮子，在肉店、面包店、乳制品店、蔬菜店之间闲庭信步，不一会儿，篮子里就装得满满当当的了。这里各家店的食物味道也是相当正宗的，有着纽约最好的匹萨店、冰激凌店和肉食店，有的店铺里还会播放精彩激烈的意甲联赛，更是足球迷们的欢乐天地。

TIPS

Bleecker Street，New York，NY10014，United States
乘地铁在Bleecker St.站出站 ★★★★

06 樱桃巷剧场 娱

外百老汇的创始者

位于曼哈顿外百老汇的樱桃巷剧场是纽约历史最悠久的百老汇剧场之一，也是外百老汇的创始者。这家剧院建于1836年，是从一个烟草仓库改建而来的，在这里曾经上演过不少老式喜剧剧目。而到了“二战”后，这儿更是蓬勃发展起来，逐渐成为一些现代戏剧作家和演员展示他们才华的舞台。更是有很多如今在好莱坞舞台上大显身手的明星演员曾经在樱桃巷剧场登台表演过，包括约翰·马尔科维奇、芭芭拉·史翠珊、詹姆斯·琼斯等。

TIPS

38 Commerce Street New York, NY 10014, United States 乘地铁在Christopher St.站出站 212-989-2020 ★★★★

07 Blue Note 娱

著名的爵士乐圣地

Blue Note是一家位于格林尼治村的爵士乐俱乐部，如果说格林尼治是纽约音乐的心脏，那这家俱乐部就是使心脏跳动的原动力之一。这里建筑的外观并不是十分起眼，除了门口向上斜插着一面暗色的写着Blue Note的旗子外，其他并未有过多的装饰。走进俱乐部，暗金色的墙壁、橙红色的灯光、木色的吧台、墙壁上挂着的老照片和唱片立刻将人拉到那个古典的氛围中去。演出的舞台离观众的位置很近，一下就缩短了演奏者和听众们的距离。几乎所有的知名爵士音乐家都在这里演奏过，留下过很多美好的瞬间。

TIPS

131 West 3rd Street New York, NY 10012-1208, United States 乘地铁在West 4th St.站出站 212-475-8592 依演出而异，10~40美元 ★★★★

08 SOHO区 逛

时尚新潮的纽约老街区

如果仅从外观看SOHO区，你绝对想不到这里是纽约最繁华的街区之一。在整个街区里到处都是四五层高的旧式大楼，还有很多类似于货仓的建筑。但是只要走进去，就会被到处充斥的名牌货品或是富有个性的装饰设计所震惊。其实，想要在SOHO区逛街是很累人的，这里的店家店面都很小，有的招牌还不明显，而且店的数量极多，即使是对照着地图，走着走着也会迷路。不过这里的店家都富有个性，即使没有去到原本想去的店，也完全不会有遗憾的感觉。

TIPS

乘地铁在Prince St.站出站 ★★★★★

看点01 名品店

世界名牌的荟萃地

各种各样的名品店是SOHO区最吸引人的地方，这里是纽约最时尚的所在，各种世界知名的品牌服装、包、首饰等都能在这里看到。而且这些名品店大多都物美价廉，如果不怕在这些小店中穿梭劳顿的话，那在这里肯定能淘到所心仪的名品。

看点02 艺廊

给人以艺术的享受

SOHO区的艺廊也是这里的一大看点，曾几何时在这里拥有大量的艺术家画廊，不过随着时间的推移，他们很多都迁出了这里。不过留下来的却都是精品中的精品，比如Martin Lawrence画廊和Sicis艺廊等，他们和参观者们的审美观更为相合，很少有那种异想天开的作品，因此更受普通人的欢迎。

看点 03 胜家大楼

SOHO区的标志之一

胜家大楼是SOHO区一座标志性的大楼，这座12层的大楼使用陶土、玻璃、钢材等作为外墙，色彩很鲜明，还装饰有铸铁的阳台及花格窗拱门，很具古典感。大楼里面则是很多家经营各种名牌商品的店家，是引领SOHO区潮流的一个先锋。

看点 04 豪沃特大楼

铸铁大楼的典范

豪沃特大楼是SOHO区最著名的铸铁大楼，这座大楼高五层，通体为乳白色，具有鲜明的文艺复兴风格。这座大楼通体都是用厚重的铸铁制成，尤其是其高大的铸铁廊柱给人以一种十分威严的感觉。此外，这座大楼里的电梯也是世界上第一部商用载人电梯，运行100多年来一直给人以一种稳重坚实的感觉，正合乎这座楼的整体风格。

09 诺利塔区 逛

意大利风情的集中地

诺利塔区位于SOHO区以东，一直都是著名的“小意大利”的一部分，不过随着“小意大利”逐渐衰落，诺利塔区则逐渐成为意大利裔美国人的主要聚居地。这里还曾经作为著名影片《教父3》的外景地而为人们所熟知。这里经营的商店很多都以典型的意大利特色为主，包括传统的意大利美食以及著名的托斯卡纳红葡萄酒等，是体验地中海美妙风情的最好地方。同时自20世纪90年代以来，大量的知名品牌时尚商店涌入这里，这里也逐渐变得新潮了起来，成为又一新兴的潮人胜地。

TIPS

New York, United States 乘地铁在2nd Ave.站出站

★★★★

10 新当代艺术博物馆 

造型奇特的现代艺术建筑

新当代艺术博物馆位于曼哈顿的下城区，正和它的名字一样，这座博物馆的造型也很符合当代艺术的精髓。它的外观就好似六个正方形的盒子随意地叠在一起一般，但是其中又有说不清的和谐之美。其中每一个盒子就代表了一个楼层，这就使得每一个楼层的高度都各不相同，营造出了富有个性的展示空间。博物馆内的展品来自世界各地，既有各种奇思妙想的先锋派画作，也有造型丰富多彩的现代艺术的雕塑，每一件都能让人用心去体会，感受创作者们的独特巧思。

New Museum of Contemporary Art Offices 583 Broadway, New York, NY 10012, United States 乘地铁在2nd Ave.站出站 212-219-1222 12美元 ★★★★★

11 纽约市消防博物馆 

展示纽约的消防历史

一个城市的消防设施可以说是这个城市的命脉所在，而消防设施的发展历史也可以看做这个城市的历史。纽约市消防博物馆就是记录这一历史的所在，这里收藏了纽约从18世纪拥有专门的消防部门开始直到今天所有的有价值的文物。包括1790年产的消防泵车，以及19世纪时所使用的马拉云梯车、救生装置、呼吸器具和警报器等，甚至还有参与“9·11事件”救援时毁坏的救火车残骸。同时这里还会传授各种遇到火险时的避险方法，还有专业的消防员为大家作详细的教学。

TIPS

278 Spring Street New York, NY 10014, United States 乘地铁在Spring St.站出站 212-691-1303 7美元 ★★★★

AMERICA GUIDE

纽约布鲁克林大桥

位于南曼哈顿的布鲁克林大桥外观优雅，是纽约的标志性大桥，在大桥周围有市政府、圣保罗礼拜堂、伍尔沃斯大楼等景点，大桥对岸的南街海港是一处充满19世纪航海氛围的热门娱乐中心。

01 布鲁克林大桥

全世界最长的悬索桥

横跨纽约东河的布鲁克林大桥连接布鲁克林区和曼哈顿岛，大桥由上万根钢索吊离水面，是现今世界最长的悬索桥，被誉为工业革命时代的全世界七处划时代建筑工程奇迹之一。经历百余年风雨沧桑的布鲁克林大桥典雅高贵，每到入夜桥身都被灯光渲染得多姿多彩，与毗邻曼哈顿岛的璀璨夜色交相辉映，构成一道亮丽的风景线。

TIPS

Brooklyn Bridge New York, United States 乘地铁在Brooklyn Bridge-City Hall站出站步行5分钟即可到达 ★★★★★

02 市政府大楼

宏伟壮丽的市政府办公大楼

市政府大楼建于1914年，高176.8米，共有40层，其宏伟壮丽的外观颇为醒目，近百年来一直是纽约一处醒目的地标性建筑。市政府大楼充满古典美，外墙装饰了精致的浮雕，拱形的门廊和华美的拱门营造出庄严的古罗马氛围。

TIPS

111 Centre Street New York, NY 10013-4390, United States 乘地铁在Chambers St.站出站步行1分钟即可到达 212-791-6000 ★★★★★

* 市政之光

纽约第二大的雕塑

市政府大楼顶端尖塔上立有高6米、名为“市政之光”的金色雕塑，雕塑的造型是赤脚站在圆球上的女神，左手托着代表纽约的王冠。

03 市政厅与公园

纽约最初的市政厅

纽约市政厅坐落于曼哈顿下城市政中心区的市政厅公园中央，其前身曾经是联邦国家纪念馆，现今是纽约市市长办公地以及纽约市议会的会场，是美国现今历史最古老的市政厅之一。已有200余年历史的市政厅外观美轮美奂，洁白的外墙与圆形屋顶颇为醒目，圆形大厅是纽约市的地标之一。市政厅外的公园则是一处休闲放松的好地方，拥有精致美丽的喷水池和花园。

TIPS

New York, NY10007, United States 乘地铁在City Hall 站出站步行1分钟即可到达 ★★★★

04 代理法庭

赏

美轮美奂的代理法庭

建于1907年的代理法庭是处理遗嘱纠纷、遗产公证、物品管理以及孤儿收养等事务的法院，其建筑风格华美典雅，正面采用希腊圆柱和美国传统的联邦风格交织在一起，装饰有以公正、四季等为主题的浮雕。代理法庭内部的天花板金碧辉煌，用马赛克拼绘出描写十二星座故事的图画，洋溢着异国风情。

TIPS

31 Chambers Street New York, NY 10007-1210, United States 乘地铁在Chambers St.站出站步行1分钟即可到达 212-669-8300 ★★★★

05 伍尔沃斯大楼

纽约最传奇的大楼

曾是纽约最高建筑的伍尔沃斯大楼极富传奇色彩，笔直的线条和高耸入云的尖塔完美结合了美学与高度，用各种浮雕、绘饰、金银线细工装饰，美轮美奂的精雕细琢在纽约众多摩天大厦中颇为少见。此外，在伍尔沃斯大楼内还有大楼设计者吉尔伯特捧着大楼模型的雕像、伍尔沃斯老板清点财富的雕像等具讽刺风格的浮雕。

TIPS

233 Broadway New York, NY 10279, United States 乘地铁在Park Place 站出站步行1分钟即可到达 212-233-2720 ★★★★

06 圣保罗礼拜堂 赏

美国最古老的教堂之一

建于1766年的圣保罗礼拜堂是一座乔治亚风格的礼拜堂，1789年圣保罗礼拜堂曾经举办过纪念华盛顿就任美国总统的感恩节仪式，华盛顿也亲临教堂参加，现今礼拜堂内还保留有华盛顿当年的座位。在圣保罗礼拜堂后面有一处规模不大的墓地，墓地上有一口被称为希望之钟的铜钟，是“9 · 11事件”后伦敦赠送以表达对纽约人民的声援和祝福。

TIPS

209 Broadway New York, NY 10007-2977, United States 乘地铁在Park Place站出站步行2分钟即可到达 212-233-4164 ★★★★

---

07 谢莫亨排屋

纽约首富修建的红砖仓库

位于南街海港的谢莫亨排屋是曾经的纽约首富彼得 · 谢莫亨投资修建的，凝聚着厚重的历史感，同时也是海港地区最主要的商业区。红砖建成的谢莫亨排屋曾经是美国典型的联邦建筑风格，现今则是南街海港的重要地标性建筑，并被改建为商店和餐厅以及南街海港博物馆等设施。

TIPS

Schermerhorn St. Brooklyn, NY, United States 乘地铁在Fulton St.站出站步行5分钟即可到达 ★★★★

08 小意大利 逛

纽约的意大利移民聚居区

New York, United States 乘地铁在Grand St.站出站步行3分钟即可到达 ★★★★

毗邻唐人街的“小意大利”是纽约最大的意大利移民聚居区，早在20世纪初，“小意大利”就不断涌入初来美国的意大利移民。现今这里沿街拥有众多意大利餐馆、咖啡厅、商店，沿街的建筑也多是意大利传统风格的建筑。在这里不仅可以享用美食，还可以欣赏美轮美奂的意大利文艺复兴风格建筑。

09 南街海港博物馆 赏

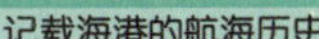

记载海港的航海历史

12 Fulton Streets, Pier 17 New York, NY 10038, United States
乘地铁在Fulton St.站出站步行5分钟即可到达 212-748-8600
12美元 ★★★★★

位于南街海港的南街海港博物馆建筑古朴，水泥外墙和白色的木门内是各种与航海相关的展品，其中不仅有旧时船员使用过的工具、服饰等，也有古代航海贸易时候使用的账本、量具以及个人捐献的数十艘古老帆船的模型。此外，在博物馆外的码头上还停泊有两艘百余年前的贸易商船，其中黑色的“北京号”帆船曾经往来于中国与美国，保存最为完好。

10 唐人街 逛

美国东海岸最大规模的唐人街

作为旅居海外的华人生活居住的地区，唐人街也被称为中国城，几乎在全世界所有大城市都拥有唐人街，其中位于纽约的唐人街有80多万华人，沿街众多中国传统风格的建筑历史悠久，不仅有中餐馆、商店和珠宝店，同时还建有“二战”中国人牺牲纪念馆并立有林则徐雕像，是美国东海岸地区规模最大的唐人街。

TIPS

New York, United States 乘地铁在Canal St.站出站步行2分钟即可到达 ★★★★★

看点01 血巷

百年前发生“堂战”的街巷

血巷靠近Peel Steet的Doyer Street拐角，20世纪初这里经常有黑帮分子进行“堂战”，故而得名血巷。现今这里则是纽约华人经营的中餐馆和发廊汇集的一处繁华街巷。

看点02 天主教显圣容堂

唐人街内的教堂

位于Mott Street的天主教显圣容堂的前身是1801年建成的英国路德教派教堂，200多年来这座教堂附近居住的移民不断变迁，现今是纽约华人的主要教堂，同时用英语、中文普通话和粤语进行弥撒是这里最大的特色。

看点03 美国华人博物馆

了解美国华裔的发展历史

位于唐人街内中央街和格兰街交会处的美国华人博物馆收藏了大量中国艺术品、京剧服饰、古书、旗袍和照片等，在这里可通过各种文字和实物介绍来了解华人在美国的奋斗历程。

11 凯兹熟食店 吃

纽约最好吃的熏牛肉三明治和热狗

TIPS

205 E Houston St. New York, NY10002, United States 乘地铁在2nd Ave.站出站步行3分钟即可到达 212-254-2246 ★★★★

凯兹熟食店创建于19世纪末，是纽约一家知名的犹太熟食店。百年来凯兹熟食店的熏牛肉三明治和热狗一直被公认为是纽约最好吃的，而"二战"期间店里"送一个腊肠给你在军中的男孩"的广告词也一直是熟食店著名的广告词。此外，在凯兹熟食店开业100周年时，电影《当哈利遇见莎莉》也在这里拍摄。

12 下东区住宅博物馆 赏

外国移民在纽约居住的历史

TIPS

90 Orchard St. New York, NY10002, United States 乘地铁在Delancey St.站出站步行1分钟即可到达 212-982-8420 20美元 ★★★

楼高5层的下东区住宅博物馆的前身是建于1863年、专供外国移民居住的红砖公寓，1935年公寓关闭后直到1988年才被辟为博物馆。下东区住宅博物馆内还原了当年这里的一切细节，游人除了可以在这里参观当年移民居住的狭小房间，还可以穿上当年的衣服，体验当时各国移民的生活。

13 埃德里奇街犹太教堂 赏

美国最早的犹太教堂

始建于1887年的埃德里奇街犹太教堂是一群来自东欧的犹太移民建造的，是美国最早修建的犹太教堂。现今埃德里奇街犹太教堂周围虽然早已没有当年近百万的犹太移民居住，但美轮美奂的彩绘玻璃、彩漆天花板、仿大理石廊柱和美丽的壁画与雕塑依旧在向游人讲述这座教堂乃至美国犹太移民的历史。

TIPS

12 Eldridge St. New York, NY10002, United States 乘地铁在East Broadway站出站步行2分钟即可到达 212-219-0302 10美元 ★★★★

AMERICA GUIDE

纽约华尔街

狭窄的华尔街两侧汇集了美国众多知名企业办事处，是纽约乃至美国和世界的经济金融中心。

01 华尔街 逛

美国的经济和金融中心

华尔街因当年荷兰人曾经在这里筑墙抵御英国军队而得名，现今这条宽仅11米的街道两侧汇集了全美国众多知名企业的办事处，同时也是纽约证交所、美国证交所、投资银行所在地，是纽约乃至美国的经济和金融中心。

TIPS

Wall Street New York, NY10005, United States

乘地铁在Wall St.站出站步行1分钟即可到达 ★★★★★

看点01 金牛

华尔街的标志之一

长5米、重6.3吨的金牛是意大利艺术家莫迪卡在1987年纽约股市崩盘后用纯铜打造的一件艺术作品，现今这座金光闪闪的金牛已经成了华尔街的标志之一，被誉为“美国人勇气和力量”的象征。

看点02 纽约证券交易所

美国经济的“晴雨表”

建于1903年的纽约证券交易所被誉为美国经济的“晴雨表”，所内设有主厅、蓝厅、“车房”共三个股票交易厅和一个债券交易厅，见证了美国金融史上的所有重大时刻，是美国经济发展的一道缩影。

看点03 美国金融博物馆

收藏美国金融历史

美国金融博物馆的前身是纽约银行总部。作为美国金融史的一部分，美国金融博物馆内收藏展示了1929年股市大崩溃时的收报机纸条、华盛顿总统1792年签署的政府债券，以及在加利福尼亚淘金热时挖掘出的一块重达60磅的金块，甚至还有中国在海外发行的第一张股票等金融历史上的重要文物。

看点04 联邦国家纪念馆

记载美国历史

位于纽约证交所对面的联邦国家纪念馆历史悠久，早在美国建国之前，1765年抵制英格兰实施新的印花税法的印花税大陆会议代表大会就在这里举行，并且华盛顿1789年也在这里宣誓就任美国第一任总统。联邦国家纪念馆曾经短暂地作为美国国库储藏了大量黄金，是记载美国历史的纪念馆。

02 圣三一教堂 赏

纽约最古老的宏伟教堂之一

毗邻华尔街的圣三一教堂由英国近代最伟大的建筑师索安爵士于1825年设计建造，这座哥特风格的教堂外墙上装饰有大量古老的圣经故事浮雕，教堂内的祭坛后是彩绘玻璃大窗，阳光透过彩绘玻璃洒在教堂内，充满庄严神圣的气氛，其宏伟的建筑洋溢着古朴厚重的历史氛围。

TIPS

74 Trinity Place New York, NY 10006, United States
乘地铁在Wall St.站出站步行1分钟即可到达 212-602-0800 ★★★★★

03 滚球草地 玩

纽约最早的公园之一

滚球草地是纽约最早的公园之一。早在纽约还是荷兰人居住的“新阿姆斯特丹”时代，这里就是一处荷兰移民重要的公共活动区域。公园的围栏至今依旧保持着18世纪的样子，而园内更是随处可以看到古老的煤气路灯、英国国王雕像等充满古典气息的设施。

TIPS

Bowling Green New York, NY 10004, United States
乘地铁在Bowling Green站出站 ★★★★

04 世界金融中心 赏

纽约的地标性建筑之一

位于原世贸中心双子塔所在地附近的世界金融中心由4座高33~50层的摩天大楼组成，是纽约的一处地标性建筑。位于世界金融中心2号和3号大楼之间的冬季花园由高挑的铜架与玻璃建成，栽植了大量热带花木，仿佛一处规模超大的热带温室。

TIPS

Courtyard Gallery World Fnncl 1 World Financial Center, New York, NY 10281-1003, United States 乘地铁在World Trade Center站出站步行5分钟即可到达 212-417-7000
★★★★

05 世贸中心纪念馆 赏

纪念“9·11恐怖袭击”

位于世贸中心遗址的世贸中心纪念馆，前身就是在“9·11恐怖袭击”中化为废墟的世贸中心双子塔，纪念馆的主体建筑是两个寓意“反思”的水池和一个广场，周围环绕博物馆和游客中心，在每个反思池四周都建有斜坡和胸墙，近3000名在袭击时遇难者的名字都刻在墙上，是美国人寄托哀伤、思念同胞和亲人的地方。

TIPS

120 Liberty Street New York, NY 10006, United States 乘地铁在Wall St.站出站步行3分钟即可到达 866-737-1184 10美元 ★★★★★

06 国立美洲印第安人博物馆 赏

世界最大的美洲印第安人艺术文化物品博物馆

国立美洲印第安人博物馆外墙由明尼苏达石灰石建成，其外观呈不规则的波浪形，博物馆四周散落着数十块古代印第安人建筑常用的岩石，馆内陈列展示有大量美洲印第安人使用的服饰、武器、工具等超过80万件文物和12万件照片档案，是了解美洲印第安人历史和文化传承的唯一一处国家级重要展馆。

TIPS

1 Bowling Grn # 1 New York, NY 10004-1415, United States 乘地铁在Bowling Green站出站步行1分钟即可到达 212-514-3700 ★★★★

07 法兰西斯客栈博物馆 赏

18世纪美国大陆军的办公地点

法兰西斯客栈博物馆始建于1719年，其前身是纽约的普通民居，1762年被改建为旅馆后成为当时美国大陆军的办公地点，在独立战争后美国建国最初的岁月里，法兰西斯客栈博物馆还曾经是美国财政部、外交部等重要部门的办公地点。现今已被改建为博物馆，展示有画作和独立战争的很多藏品，此外还有用纽约州第一位总统乔治·克林顿命名的“克林顿”餐厅。

TIPS

Fraunces Tavern Museum Pearl Street, New York, United States 乘地铁在Bowling Green站出站步行3分钟即可到达 212-425-1778 10美元 ★★★★

AMERICA GUIDE

纽约自由女神像

高46.5米（不含基座）的自由女神像位于哈得孙河口的自由岛上，作为美国独立百年时法国赠送的礼物，现今已经成为纽约乃至全美国最重要的标志景点。

01 自由岛 赏

自由女神像所在的小岛

位于哈得孙河入海口的自由岛最初名为白德路岛，1876年为了庆祝美国百年独立日，法国赠送高46.5米（不含基座）的巨型雕像——自由女神像，并安放在1812年岛上修建的五星形状伍德堡垒上，成为纽约乃至美国的象征。在很长一段时间内，自由女神像都是乘船漂洋过海的移民们最先看到的美国标志。

TIPS

Liberty Island New York, NY 11231, United States 乘地铁在Bowling Green站出站步行2分钟到码头乘坐渡船即可到达 212-561-4500 ★★★★★

02 自由女神像 赏

纽约乃至美国的标志之一

位于自由岛上的自由女神像由法国著名的雕塑家巴托尔迪设计制作，作为法国赠送美国独立100周年的重要礼物。这尊46.5米（不含基座）高的巨型雕像被安放在自由岛上，自由女神手中高举着象征“照耀世界的自由之光”火炬，是纽约乃至美国最重要的标志之一。此外，游人除了可以与自由女神像合影外，还可顺着旋梯爬上自由女神像头顶的王冠，并从这里隔海眺望曼哈顿岛上的摩天大厦。

TIPS

Liberty Island New York, NY 11231, United States 乘地铁在Bowling Green站出站步行2分钟到码头乘坐渡船即可到达 212-363-3200 3美元 ★★★★★

03 埃利斯岛 赏

记载美国移民历史的小岛

位于哈得孙河口的埃利斯岛以18世纪末拥有该岛的英国人埃利斯的名字命名。20世纪初，由于有大量欧洲人移民美国，当时的政府就在埃利斯岛上设置了移民检查站，其严格的规定导致众多移民不能进入梦寐以求的美国国门，因而这里又被当时的外来移民称为“眼泪岛”。

TIPS

Ellis Island New York, NY 11231, United States 乘地铁在Bowling Green站出站步行2分钟到码头乘坐渡船即可到达 212-561-4500 ★★★★★

移民博物馆

纪念美国的移民文化

建于埃利斯岛上的移民博物馆共分三层，游人在这里可以参观当年岛上设置的入境区、行李间、大厅、体检室和宿舍。展览室内展示了大量工艺品、文物展品，以及照片和文字说明，向游人介绍美国的移民文化。

04 炮台公园 玩

曼哈顿岛最南端的绿地

位于曼哈顿最南端的炮台公园因园内有克林顿碉堡的炮台而得名。炮台公园风景秀美，还可以欣赏哈得孙河的景色，是乘船前往自由岛的必经之地。园内随处可以看到来自世界各地的游客身影，是一处热门的城市休闲公园。

TIPS

17 Battery Place New York, NY 10004, United States
乘地铁在Bowling Green站出站步行2分钟即可到达
212-360-3456 ★★★★★

看点01 雕塑和纪念碑

各式各样的雕塑与纪念碑

炮台公园因为有大量雕塑和纪念碑而闻名，其中最著名的有“9·11事件”中被损坏的世贸中心广场曾摆放的天体雕塑，也有朝鲜战争纪念碑、东岸纪念碑、移民雕塑和纪念碑等。

看点02 克林顿碉堡

碉堡改建的娱乐场所

克林顿碉堡建于1808年，炮台公园就因克林顿碉堡的炮台而得名，1821年军队撤出后克林顿碉堡所有权也一并移交给纽约政府。现今的克林顿碉堡是一处举办音乐、戏剧展演和科学发表会的热门娱乐场所。

05 犹太遗产博物馆 赏

造型独特的犹太大卫星建筑

创立于1997年的犹太遗产博物馆毗邻炮台公园，以纪念犹太人在“二战”期间惨遭大屠杀的悲惨历史为主题。犹太遗产博物馆的外观造型独特，其六角形的设计源自犹太教中的“大卫星”，博物馆内分为反犹太人战争、19世纪犹太生活、犹太人的复兴等主题，展示有大量私人物品，包括信件、照片等，并通过纪录片和各种现代科技向游人描述犹太人走过的漫长历史。

TIPS

36 Battery Pl New York, NY10280, United States 乘地铁在Bowling Green站出站步行5分钟即可到达 646-437-4200 12美元 ★★★★

AMERICA GUIDE

纽约其他&费城

01 洋基体育场 

美国棒球的圣殿

TIPS

1 East 161st Street Bronx, New York 10451, United States 乘地铁在161st St.站出站步行1分钟即可到达
718-508-3917 ★★★★★

纽约洋基队是美国棒球的老牌劲旅，而洋基队主场所在的洋基体育场更是美国棒球的圣殿。老洋基体育场建于1923年，是美国第一座有三层座位的体育场，而建于2009年的新洋基体育场则是全世界第二高造价的现代化球场，其外观与老洋基体育场一模一样，是全美国上座率最高的球场。

洋基球队博物馆

了解洋基队乃至美国棒球的历史

洋基球队博物馆位于洋基体育场内，即使在非比赛日，游人也可以进入参观，通过各种照片和实物了解洋基队乃至整个美国棒球界的历史。

02 布鲁克林博物馆 赏

有百余年历史的艺术圣殿

1897年开幕的布鲁克林博物馆是一座有百余年历史的艺术圣殿，是纽约第二大、全美国第七大的博物馆。在布鲁克林博物馆前的广场上有一处高10米的喷泉，进入未来主义风格的玻璃大门内就可以欣赏博物馆收藏的大量艺术品，其中包括闻名的古埃及艺术品。此外馆内还经常举办各种主题的现代艺术展览，是一处历史悠久的艺术圣殿。

TIPS

200 Eastern Parkway Brooklyn, NY 11238-6099, United States 乘地铁在Eastern Parkway Brooklyn Museum站出站步行1分钟即可到达 718-638-5000 10美元 ★★★★★

03 布鲁克林植物园 赏

历史悠久的大型植物园

布鲁克林植物园创建于1910年，迄今已有百余年历史，是纽约规模最大的植物园。在布鲁克林植物园内设有20多个规模不一的园林，这些园林中栽植有世界不同国家和地区的花卉植物，被誉为美国优秀城市花园与园艺展览的典范。此外，每年春季樱花盛开的时候，布鲁克林植物园内的樱花都会盛开，园内的樱花散步大道更是美轮美奂，四周景致都出自日本设计师之手，充满雅致的日本情趣。

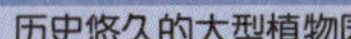

TIPS

1000 Washington Avenue, NY 11225, United States 乘地铁在Eastern Parkway Brooklyn Museum站出站步行1分钟即可到达 718-623-7200 8美元 ★★★★

克莱弗玫瑰花园

全美最大最好的玫瑰花园之一

建于1928年的克莱弗玫瑰花园内栽植有数千株不同品种的玫瑰花，每年6月的玫瑰花园都是缤纷艳丽，芳香扑鼻。此外，在克莱弗玫瑰花园中还有纪念莎士比亚作品的莎士比亚花园。

04 科尼岛 玩

热闹的休闲度假乐园

科尼岛最初是一座海岛，之后由于泥沙淤积和修建环城高速公路而在“二战”前将其填成一处与布鲁克林相连的半岛。作为纽约知名的休闲娱乐区，科尼岛的规模曾经在19世纪末20世纪初达到顶峰，各种游乐场、赛马场、赌场、酒店等设施散落在岛上，是当时纽约人假日里最热门的休闲度假区。

TIPS

Coney Island Brooklyn, NY, United States 乘地铁在Coney Island-Stillwell Ave.站出站即可到达 ★★★★★

看点01 沙滩和木栈道

在木栈道上欣赏纽约的沙滩

科尼岛的沙滩阳光明媚，围绕在岛沿岸的木栈道全长4000余米，可沿途欣赏纽约沙滩和波光粼粼的大西洋海景。

看点02 纳森热狗店

大胃王比赛吃热狗

1916年在科尼岛上开业的纳森热狗店如今已有近百年历史，其美味的热狗颇受游客欢迎，现今已经发展成美国著名的连锁快餐店。每年7月4日独立日的时候，纳森热狗店都会举办大胃王比赛，那些大胃王的形象更是吸引了众多游客慕名而来。

看点03 迪诺摩天轮游乐园

科尼岛上历史最悠久的游乐园之一

作为科尼岛上历史最悠久的游乐园之一，迪诺摩天轮游乐园最醒目的标志就是园内建于1920年的巨大摩天轮。除此之外国内还建有儿童乐园，经常可以看到带着孩子全家出游的游客。

05 里奇蒙古城 逛

与世无争的宁静古街

要前往里奇蒙古城需要从炮台公园乘免费游艇前往斯塔滕岛，这座与世无争的宁静小岛以17~19世纪的古老街巷而闻名。位于岛上的里奇蒙历史古城更是还原了邮局、美国最早的小学等众多古老的街巷景点，是一处适合怀旧观光的地方。

TIPS

La Tourette Park,441 Clarke Ave. 乘S74路公共汽车在Richmond Road&St. Patrick Place站下 718-351-1611
5美元 ★★★★

06 大西洋城 逛

全美最大的博彩旅游城市之一

风景秀丽的大西洋城和拉斯维加斯一样，是以奢华的度假酒店和纸醉金迷的夜店生活，还有紧张刺激的博彩业为主题的特色旅游城市。与地处沙漠之中的梦幻城市拉斯维加斯不同的是，大西洋城地处海滨，游人可以在这里享受各式各样的沙滩和水上娱乐项目。

TIPS

Atlantic City, NY 从费城乘长途客车即可到达
609-449-7130 ★★★★★

看点01 大西洋城艺术中心

与大西洋城有渊源的艺术家作品

大西洋城艺术中心内收藏展示的作品，如雕刻、绘画、照片等，全都是出自与大西洋城有渊源的艺术家之手。此外，在大西洋城艺术中心内还设有大西洋城历史博物馆。

看点02 滨海长堤

全美国第一座滨海长堤

建于1870年的大西洋城滨海长堤全部由模板铺设而成，长9.6千米，宽18米，毗邻雪白沙滩和周围邻里的众多餐厅令这里颇受游客欢迎，是全美国第一座滨海长堤。

看点03 艾布斯肯灯塔

一览大西洋城的风光

艾布斯肯灯塔建于1857年，如今灯塔已经不再使用，被辟为展望台，重新整修后开始对外开放。游人沿着螺旋楼梯可来到42米高的瞭望台，一览大西洋城的迷人风光。

07 巴尔的摩 逛

开发已久的港湾都市

巴尔的摩是一座历史悠久的港湾城市，在城市的内港地区可以看到港湾内停泊的众多船只和古老的帆船。经过20世纪70年代的大规模改造，现今这里已经成为巴尔的摩乃至美国东海岸一处有名的综合旅游区。此外，巴尔的摩还是美国棒球史上的巨星贝比鲁斯的故乡，现今在市内还建有贝比鲁斯博物馆供人参观。

TIPS

Baltimore　在纽约乘长途客车、电车即可到达

410-837-4636　★★★★★

看点01 贝比鲁斯博物馆

纪念美国棒球史上最伟大的传奇运动员

为纪念贝比鲁斯这个巴尔的摩城市英雄而建造的贝比鲁斯博物馆内，用翔实的资料记录了其伟大的一生。其中大量贝比鲁斯的照片、使用过的物品以及珍贵的影视片段都是棒球迷绝对不可错过的。

看点02 世贸中心

巴尔的摩地标大楼

位于内港区的世贸中心由华裔设计师贝聿铭设计，是巴尔的摩内港区的制高点，游人可以在世贸中心27楼的观景台俯瞰内港区的街巷风光，或是尽情欣赏波光粼粼的大海。

看点03 内港区

一处著名的综合性旅游区

巴尔的摩内港区在“二战”后已经成为一处日渐衰落的老码头，直到20世纪70年代大规模改造后才成为美国一处著名的综合性旅游区。作为巴尔的摩的繁华象征之一，内港区拥有巴尔的摩最高的摩天大厦和最繁华的街区。

08 费城 逛

美国最古老的历史名城之一

早在1701年便已设市的费城由威廉·潘建于1682年，是美国的历史文化名城，作为美国的前任首都，是《独立宣言》的起草和签署地，在整个独立战争中都起到了至关重要的作用。现今这座美国第五大城市除了现代的摩天大厦，依旧随处可以看到古朴典雅的18世纪建筑，而作为费城标志的自由钟则见证了美国民主自由的历史。

TIPS

Philadelphia 在纽约乘火车在费城下 

看点01 独立厅

签署《独立宣言》的地方

签署《独立宣言》的费城独立厅是美国历史最悠久的建筑之一，作为美国前联邦政府所在地，这里见证了美国独立之初的所有重大事件。除了《独立宣言》外，确定美国国体的首部《联邦宪法》也是在这里起草的。

看点02 国会议事厅

美国独立之初的联邦议会所在地

费城是美国独立战争后最初的首都所在地，建于1787年的费城国会议事厅从1790年至1800年都是联邦议会所在地，现今当年的会议室依旧保持原样，充满厚重的历史感。

看点03 自由钟

象征美国自由精神的大钟

位于费城独立厅前的自由钟是世界最著名的大钟之一，在钟顶镌刻有“向各地的所有居民，宣告自由”的文字。作为美国自由精神的象征与标志，自由钟见证了美国独立以来的所有重大事件。

看点04 费城市政府

费城最著名的国家历史地标之一

建于19世纪末的费城市政府是世界最大的砌体结构建筑，同时也曾经是美国最高大、最繁华的政府办公大楼，现今已成为美国国家历史地标。此外，在费城市政府中央塔顶还立有费城建立者威廉·潘的巨大雕像，游人可在雕像下的瞭望台一览周围风光。

看点05 费蒙公园

世界上最大的都市公园

景色优美的费蒙公园是为纪念费城建城百年而修建的，是世界规模最大的都市公园。除了优美的景色外，费蒙公园内还建有费城美术馆和罗丹美术馆，以及美国第一座动物园——费城动物园。

看点06 罗丹美术馆

费城最大的主题博物馆

以展出法国雕塑家罗丹作品为主的罗丹美术馆建于1920年，是费城最大的主题博物馆，在美术馆内展出了60件雕塑作品和众多素描、水彩画、肖像画等，其中著名的《思想者》是这里最引人注目的展品。

看点 07 费城美术馆

全美国第三大美术馆

希腊风格的费城美术馆收藏了大量中世纪直至现代的欧洲绘画、雕刻，以及现代美术和美国艺术品，此外还有来自中国、日本、印度等亚洲国家的艺术精品，是全美第三大美术馆。

看点 08 威廉·潘登陆

费城创建者威廉·潘的登陆地

费城的建立者威廉·潘最初来到费城就是从面向德拉瓦河的水岸地区登陆的，现今这里则是费城著名的室外音乐剧场，是费城人的休闲娱乐场所。此外，在附近的水中还停泊着多艘退役的军舰，其中包括世界最大最古老的木造帆船——费城加塞拉号。

AMERICA GUIDE

America

畅游美国

10

华盛顿

作为美国首都的华盛顿被美国人称为“国家的心脏”，其城市始建于1789年，是一座市区呈标准四边形、建筑布局匀称的城市。

01 白宫 赏

美国总统府

白宫是美国的总统府邸，也是华盛顿最负盛名的景点之一，这里每天都吸引着来自世界各地的游客。这栋建筑有着典雅大方的风格，白色的外墙是它最大的特征，而那6根高大的圆柱则有着简洁质朴的美感。白宫的面积虽然不大，但是景点众多，外交接待大厅、图书室、地图室、瓷器室、金银器室都有着很高的欣赏价值。

TIPS

1600 Pennsylvania Avenue, Washington D.C. 乘地铁在Farragut West站出站 202-456-1414 ★★★★★

02 拉法耶特广场 赏

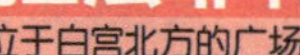

位于白宫北方的广场

拉法耶特广场是纪念在美国独立战争中立下汗马功劳的法国侯爵拉法耶特的地方，也是华盛顿著名的市政广场。这里离白宫很近，因此常有新闻发布会在此举行，同时这里也是拍摄白宫景象的好地方。广场上还有多座历史名人的铜像，其中包括美国第七任总统杰克逊、法国的拉法耶特侯爵等名人，是合影留念的好选择。

TIPS

Pennsylvania Avenue Northwest，Washington D.C. 乘地铁在Farragut West站出站 202-755-7798 ★★★★

03 旧行政办公大楼 赏

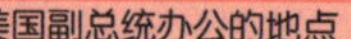

美国副总统办公的地点

旧行政办公大楼建于19世纪80年代，原本是哥伦比亚区的办公楼，后来被美国政府征用，成为白宫的一部分，是华盛顿著名的旅游景点之一。这里现在是美国副总统办公的地方，许多重要的签约仪式也在这里举行。旧行政办公大楼有着典型的美国建筑风格，外形简洁大方，细节装饰处具有独特的美感。

TIPS

17th Street and Pennsylvania Avenue NW，Washington D.C. 乘地铁在Farragut West站出站 202-395-5895 ★★★★★

04 华盛顿纪念碑

雄伟壮观的纪念碑

高达169米的华盛顿纪念碑是全球最高的石质建筑物，它是用于纪念美国首任总统华盛顿的。这座石碑高耸入云，是华盛顿市最高的建筑物，游客们可以通过专门的通道前往纪念碑的顶部俯瞰周边的美好风景。纪念碑里面有着来自世界各地的纪念石，它们都是这座纪念碑内不可或缺的风景。纪念碑所在的广场是游客们休闲、观光的好地方。

TIPS

Madison Dr. NW & 15 Street Northwest, Washington D.C. 乘地铁在Smithsonian站出站 ★★★★★

05 林肯纪念堂 赏

华盛顿的标志性景点

林肯纪念堂是一座气势雄伟的建筑，它是纪念以颁布《解放黑人奴隶宣言》而出名的林肯总统的地方。这座殿堂是一座充满古希腊风格的建筑，整体风格古朴典雅，外廊上还有36根高大的石柱，里面还有一座林肯的雕像。纪念馆内部南北两侧的墙壁上还雕刻着林肯两篇著名演说的全文。

TIPS

900 Ohio Drive Southwest, Washington D.C. 20024 乘地铁在Foggy Bottom站出站 202-426-6841 ★★★★★

06 国会山映像池

巨大的人工水池

Washington D.C., DC 20245 乘地铁在Foggy Bottom站出站 ★★★★★

国会山映像池在周边众多景点中算是默默无闻的一个，但它也有着自己的独特魅力。这是一个巨大的水池，全长为300多米，两侧则是茂密的树林，给人以悠闲舒适的感觉。游人们来到池边可以看到那倒映在波光粼粼水面上的蓝天白云，还有华盛顿纪念碑等建筑物。水面倒映的景色会随着时间和季节的变换而改变，值得拍照留念。

07 富兰克林·罗斯福纪念碑

华盛顿著名的景点

富兰克林·罗斯福纪念碑是纪念曾连任四届的美国总统罗斯福的地方，是华盛顿地区一处重要的景点。这个纪念碑位于罗斯福公园内，是园区内最为引人注目的地方。该公园分为四个区域，分别介绍了罗斯福就任美国总统时所经历的重大事件，既有席卷全球的大萧条，也有战火连天的第二次世界大战。

TIPS

1850 West Basin Drive Southwest, Washington D.C. 乘地铁在Foggy Bottom站出站 202-426-6895 ★★★★

08 托马斯·杰弗逊纪念堂

象征着美国独立精神的殿堂

托马斯·杰弗逊纪念堂是纪念美国第三任总统托马斯·杰弗逊的地方，也是华盛顿诸多纪念场馆中相当有名的一个。这座建筑有着古罗马典雅大方的风格，高大的科林斯式圆柱，令人赞叹不已。走进纪念馆内部可以看到一块巨型浮雕，再现了杰弗逊起草《独立宣言》时的情景，里面还有他的本身铜像与名言，令人肃然起敬。

TIPS

900 Ohio Drive Southwest, Washington D.C. 乘地铁在Smithsonian站出站 202-426-6822 ★★★★★

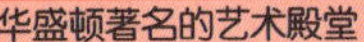

09 肯尼迪中心

娱

华盛顿著名的艺术殿堂

肯尼迪中心是一座雄伟壮观的建筑，它的外墙全部是由大理石砌筑而成的，与周围的殿堂一同构成了极为华丽的建筑群景观。这里有着先进的设备，能够给观众带来极具震撼力的声光效果，无论是歌剧院还是舞台表演厅都是如此。肯尼迪中心是美国最好的艺术表演中心之一，来到这里的游客可以欣赏到顶级的艺术表演。

TIPS

Ste. 1, 2700 F Street NW, Washington D.C. 乘地铁在Foggy Bottom站出站 202-467-4600 ★★★★

10 国家地理学会

闻名世界的国家地理学会总部

TIPS

1145 17th St. NW, Washington D.C. 乘地铁在Farragut North站出站 202-647-5463 ★★★★★

国家地理学会是全球最著名的地理科普组织，它的总部就坐落在华盛顿。这个建筑就是一栋在美国随处可见的楼房，看似平凡无奇，但门口处的国家地理标志与铜羊雕塑，却让这里与众不同。来到这里的游人可以参观位于大楼一层的国家地理博物馆，那里不仅介绍了世界各地的地理奇观，还展示了各地的风土人情和考古发现。

11 国会大厦

美国的象征

国会大厦是华盛顿最为雄伟的建筑之一，也是这座城市的地标之一，更是全世界同类建筑中的典范。这座大厦的中央顶楼上拥有圆形的尖顶，它分为三层，上面还有一座5.8米高的自由女神像，是美国自由民主的象征。国会大厦的大厅里悬挂着记载美国重大历史事件的八幅巨型油画，还有众多人物石雕像，他们都是影响美国历史的重要人物。周二至周五开放，如有活动举行则不开放。

E. Capitol St., Washington D.C. 乘地铁在Capitol South站出站 202-225-6827 ★★★★★

12 国会图书馆

全球最著名的图书馆之一

国会图书馆是美国的国家图书馆，也是全球最大的图书馆，里面藏书的数量之多，令人叹为观止。这座图书馆的外形是文艺复兴式的，有着典雅大方的风格，高大的科林斯式石柱更成了该图书馆的标志。国会图书馆内的藏书很多，有许多热爱知识的人在此借书阅读，因而这里拥有浓郁的学术氛围。

TIPS

101 Independence Avenue SE 634, Washington D.C. 乘地铁在Capitol South站出站 202-707-8000

13 莎士比亚图书馆

收集莎士比亚相关资料的图书馆

莎士比亚图书馆是一个私人捐助的图书馆，这里收集了大量与莎士比亚相关的文件、资料和剧本，是研究这位大剧作家最为权威的机构之一。这里还收集了很多珍贵的历史文物，其中包括一幅古老的莎士比亚画像和他的青铜像，是这里的镇馆之宝。来到这里的游人可以了解到莎士比亚的生平事迹和众多剧作。

TIPS

201 East Capitol Street Southeast, Washington D.C. 乘地铁在Capitol South站出站 202-544-4600 ★★★★

14 美国最高法院

美国最高的司法机构

美国最高法院是美国司法界的最高机构，也是美国最重要的权力机构之一，许多影响深远的判决都发生在这里。这是一座古希腊式建筑物，拥有着神圣庄严的氛围，一般不对外开放。美国最高法院的外廊上拥有多根高大的石柱，正门的两侧分别竖有“正义之沉思”女神和“法律守护神”的塑像，许多游客都在此合影留念。

TIPS

1 First Street Northeast, Washington D.C. 乘地铁在Capitol South站出站 202-479-3000 ★★★★

15 邮政博物馆

赏

全景展现美国邮政历史的展馆

TIPS

2 Massachusetts Avenue Northeast, Washington D.C. 乘地铁在Union Station站出站 202-633-5555 ★★★★

邮政博物馆是华盛顿最为有趣的博物馆之一，它详细地介绍了美国邮政的发展历史，拥有许多珍贵的文物。这里有五个主要展馆，分别介绍了邮政的各个方面，既有不同时期邮政人员所使用的工具，也有各种珍稀的邮票，那些精美的明信片也吸引着游人们的目光。邮政博物馆还经常举行各种主题展览活动，因此深受参观者的欢迎。

16 联邦车站

美国最大的车站之一

TIPS

50 Massachusetts Ave. NE, Washington D.C. 乘地铁在Union Station站出站 202-289-1908 ★★★★

联邦车站建于20世纪初，是当时全球最大的车站，迄今仍是美国最有特色的车站之一。来到这里的人们都会被它的宏伟所吸引，古罗马风格的建筑让人赞叹不已，那些高大坚固的石柱，充满了典雅的气息。联邦车站功能众多，它不但是一个交通枢纽，同时还是购物休闲的好地方，里面的游客服务中心也是游人们查询旅游资料的好去处。

17 史密森尼博物馆总部 

华盛顿最有魅力的博物馆之一

史密森尼博物馆是全球最大的连锁博物馆，而位于华盛顿的这座建筑则是它的总部所在地。这座博物馆在全球众多大型博物馆中看似毫不起眼，但它在专业人士眼中却有着很高的地位，因为这里可以查询到史密森尼博物馆体系内众多展品的信息。来到该展馆的游人们可以了解这个体系内诸多展馆的情况，它具有很高的旅游查询价值。

TIPS

1000 Jefferson Drive Southwest, Washington D.C. 乘地铁在Smithsonian站出站 202-633-1000 ★★★★★

18 美国国家美术馆 

美国最好的艺术品展览馆

美国国家美术馆是全美最大也是收藏展品最多的博物馆，它的建筑物本身就是一座华美的艺术品。来到这里的人们可以欣赏到众多的艺术佳作，许多大师的名作真迹都存放在这里，供人欣赏。美国国家美术馆还经常举行艺术交流与展出活动，能让参观者看到不同风格的艺术作品，许多珍贵的艺术品都是难得一见的。

TIPS

4th St. NW, Washington D.C. 乘地铁在Archives站出站 202-737-4215 ★★★★★

19 国家自然史博物馆 

全面展示大自然奇妙之处的博物馆

国家自然史博物馆是全球最大的自然博物馆之一，它已经有了百余年的开放历史，拥有许多珍贵的展品。来到这里可以了解到地球从诞生到现在的重大地质事件，从生命的诞生到板块漂移，各种介绍应有尽有。国家自然史博物馆内展品众多，游客们可以看到许多奇妙的物种化石和珍稀矿石，作为天外来客的陨石，在这里也能见到。

TIPS

National Museum of Natural History, Constitution Ave. NW, Washington D.C. 乘地铁在Smithsonian站出站 202-633-1000 ★★★★★

20 造币局

参观美元的制作过程

美国造币局承担纸币、公债、邮票等从设计到印刷的过程，游人在这里可以参观美元的印制过程，而走廊两侧则展示有总价值100万美元的纸币和伪钞。此外，在造币局还有用美元测量游人身高的活动，得出的结果不再是多少厘米，而是多少美元的单位。游人还可以购买各种纪念品，尚未切割的1美元纸钞票、印有美元标志的T恤等都颇受欢迎。

TIPS

14th&C Sts. 乘地铁在Smithsonian站出站

202-874-3019 ★★★★

21 国家档案馆

记载美国国家历史的地方

国家档案馆是美国最大的档案馆，里面收藏有许多珍贵的历史资料和记录。这里收集的档案资料按照不同的历史时期，一一存放在各个陈列室里，其中最为珍贵的当属位于一楼圆形大厅陈列室里的《独立宣言》、《宪法》和《人权法案》三个文件的原件，它们是这里的镇馆之宝。

TIPS

700 Pennsylvania Avenue Northwest, Washington D.C.

乘地铁在Archives站出站 202-357-5000 ★★★★

22 国际间谍博物馆

具有神秘色彩的博物馆

TIPS

800 F Street 乘地铁在Gallery Place站出站

202-393-7798 ★★★★

开放于2002年的国际间谍博物馆是华盛顿历史最短的博物馆之一，但它却有着神秘的色彩，因而吸引了众多游人的目光。这里收集了自美国独立战争以来的各种间谍用具，许多装备都充满了奇思妙想，令人叹为观止。该博物馆内还有专门的展厅，介绍那些不为人所知的形形色色的间谍们。

23 乔治敦大学 赏

美国最为古老的大学之一

乔治敦大学建立于18世纪末，是美国最早的私立大学之一，拥有着很高的声誉。这座大学因为靠近美国的使馆区，所以有很多驻外使节的子女在此读书，是一个国际化色彩很浓的学校。乔治敦大学的校园景色优美，四处洋溢着青春的活力，来到这儿还能看到许多名人留下的痕迹。

TIPS

600 New Jersey Avenue Northwest, Washington D.C. 乘地铁在Dupont Circle站出站 202-662-9220 ★★★★

24 阿灵顿国家公墓 赏

美国的阵亡军人公墓殿堂

阿灵顿国家公墓是美国最著名的国家公墓，沉睡在这里的主要是美国在历次战争中阵亡的军人，也有许多因公殉职的政府机构工作人员。这个公墓环境清幽，无论死者的生前职位如何，每座墓地的大小都是一样的。行走在墓园里可以看到许多著名人物的墓葬，他们的墓前只有一块简朴的白色石碑。

TIPS

McNair Road, Arlington, V.A. 22211 乘地铁在Arlington Cemetery站出站 703-607-8000 ★★★

25 硫磺岛纪念碑 

美国最著名的军人纪念碑

二战的太平洋战场有许多惨烈的登陆战，这座纪念碑就是后人用于纪念那些英勇作战的烈士们的地方。硫磺岛纪念碑取材于一个真实的历史事件，雕像的作者把六位拥有无畏精神的美国海军陆战队士兵的神情一一地刻画出来，与那张著名照片上的内容丝毫不差。来到这里的人们除了向烈士们致敬外，还会感叹和平生活的来之不易。

TIPS

1400 North Meade Street, Arlington, V.A. 乘地铁在Arlington Cemetery站出站 703-289-2500 ★★★★

26 五角大楼 

大名鼎鼎的美国国防部

五角大楼是美国的国防部和各军种总部的所在地，是美国最高的军事指挥机构，因其呈正五边形而得名。这座建筑是全球面积最大的办公大楼，外来游客们可以在指定的区域内参观。进入五角大楼可以了解美国军队所参加的战争历史，看到精美的战史油画，以及不同时期美军所使用的各种枪支等军械。

TIPS

401 12th Street S, Arlington, V.A. 乘地铁在Pentagon站出站 703-697-1776 ★★★★★

27 美国国家宇航博物馆 

全球最好的航空航天博物馆

美国国家宇航博物馆是了解人类飞行历史的最佳地点，同时也是世界上最大的航空航天博物馆。该博物馆空间巨大、展品众多，绝大多数展品都是飞行器的原件或备用件，令人咋舌不已。来到这里的游客既能看到早期多翼飞机，也能看到大名鼎鼎的V2火箭和SR-71黑鸟侦察机。宇宙空间馆里还全景展示了人类已知的星系图。

TIPS

Independence Avenue Southwest, Washington D.C. 乘地铁在Smithsonian站出站 202-633-2214 ★★★★★

28 里士满南部联盟博物馆 

美利坚联盟国的博物馆

里士满在南北战争期间是南方的美利坚联盟国的首都，这座博物馆所在建筑就是当时的总统府，后来则被辟为纪念那个历史时段的博物馆。这座博物馆复原了当时的陈设，里面还有联盟总统戴维斯的全身铜像。来到联盟博物馆内可以了解到南北战争的大致过程，能够看到许多珍贵的历史文物和当时士兵们所使用的军械。

1201 East Clay Street, Richmond, V.A. 乘84、86路公共汽车在11th + Clay站下 804-649-1861 ★★★★

29 弗吉尼亚美术馆 

美国最著名的美术馆之一

弗吉尼亚美术馆是美国最具欣赏价值的美术馆之一，它的规模很大，拥有2万余件永久展品，涵盖了全球各主要艺术流派的作品。来到这里的游客不仅能够看到东西方各种知名流派的艺术作品，也能看到向来鲜为人知的南亚、南美洲印第安人艺术家的作品，可以大开眼界。弗吉尼亚美术馆还经常举行个人艺术作品展。

TIPS

200 North Boulevard, Richmond, V.A. 乘16路公共汽车在Grove + Boulevard站下 804-340-1400 ★★★★

30 福特剧场 

林肯总统遇刺的地方

福特剧场是一家古老的剧院，曾是华盛顿最著名的剧院之一，但真正让该剧院名扬天下的是林肯总统在这里遇刺身亡的事件。现在来到这里的游客可以看到复原的林肯总统遇刺时的陈设，里面还有专门的讲解员介绍那一重大历史事件的来龙去脉。

511 10th Street 乘地铁在Metro Center站出站 202-347-4833 ★★★★

31 威廉斯堡州议会大楼

美国最古老的州议会所在地

威廉斯堡州议会大楼是美国最古老的州议会所在地。1775年帕特里克·亨利在这里发表谴责英国压榨殖民地强征印花税的演说，并促成弗吉尼亚州独立的决议，拟定了《宪法》，并公布了《宗教自由法》，这是奠定美国独立的重要基石。

TIPS

East end of Duke of Gloucester Street ★★★★

32 威廉玛丽大学

美国最早的大学之一

威廉玛丽大学建立于英国殖民统治时期，是全美最好的学府之一，历史上曾有多位名人贤达在此求学。这座大学园区内风景优美，许多建筑古朴典雅，拥有鲜明的时代特色。漫步在校园里能够感受历史的沧桑与青春的活力，它们相辅相成，令人赞叹不已。

TIPS

West end of Duke of Gloucester Street 757-221-4000 ★★★★

AMERICA GUIDE

波士顿

历史悠久的波士顿是美国最古老的城市之一，作为新英格兰地区最大的城市，波士顿除了各种历史古迹外，还有繁华的商业街和鳞次栉比的摩天大厦，是一座见证美国历史发展的繁华都市。

01 波士顿公园

美国最早的现代公园之一

玩

147 Tremont Street, Boston，M.A. 乘地铁在Boylston站出站 617-426-3115 ★★★★★

波士顿公园建于英国殖民统治时期，长久以来一直是波士顿最著名的旅游景点之一。这个公园里景色优美，是人们休闲放松的好去处，此外还有许多人文景点供人参观，其中包括帕克曼音乐台、美国海陆军人纪念碑等，大名鼎鼎的自由之路的起点也位于此。来到波士顿公园的游客们可以欣赏到各种露天艺术表演。

02 公园街教堂

历史悠久的教堂

建于1809年的公园街教堂是波士顿诸多教堂中最为华美的一座，不仅在当地享有盛誉，在全美国也是赫赫有名的。这座教堂是一座典型的欧式宗教建筑，红色外墙与哥特式的尖塔是它最醒目的特征。公园街教堂还是举行各种仪式活动的地方，它是波士顿重要的集会、游行地。

TIPS

1 Park Street, Boston, M. A. 乘地铁在Park St.站下 617-523-3383 ★★★★

03 国王的礼拜堂 赏

深藏在都市楼宇间的古老教堂

TIPS

64 Beacon Street, Boston, M.A. 乘地铁在Park St.站出站 617-523-1749 2美元 ★★★★★

国王的礼拜堂建于17世纪末，是北美地区最为古老的宗教建筑之一，它曾经被多次翻修改建，迄今仍保持着古朴典雅的样貌。这座建筑物看似并不起眼，但那些被雕刻成科林斯式石柱样的木柱，令人赞叹不已。教堂内部充满着空灵的气息，巨大的管风琴能够奏出优美的音乐。

04 本杰明·富兰克林铜像 赏

纪念一代伟人富兰克林的铜像

本杰明·富兰克林是美国历史上最伟大的人物之一，他在科学、政治、文学等方面做出了重大贡献，在美国人民心目中享有很高的声誉。这座铜像是以富兰克林前去宣读《独立宣言》时的情景作为模本的，铜像的神态惟妙惟肖，动作和衣着也都是经过精雕细琢的，能够彰显出这位伟人的高贵风范。

TIPS

45 School Street, Boston, M. A. 乘地铁在State站出站 617-357-8300 ★★★★

05 波士顿地球书店 买

颇有名气的书店

波士顿地球书店是一个历史悠久的书店，在美国的文化界中很有名气，像《汤姆叔叔的小屋》作者斯托夫人、《小妇人》作者奥尔科特以及爱默生、霍桑等作家都曾在这里留下自己的印记。现在这里是购买各种旅游书籍的好地方，各种不同类型的旅游指南会给游客提供详尽的资讯。

TIPS

3 School Street, Boston, M.A. 乘地铁在State站出站 617-929-2990 ★★★

06 波士顿美术馆 赏

美国最具欣赏价值的博物馆之一

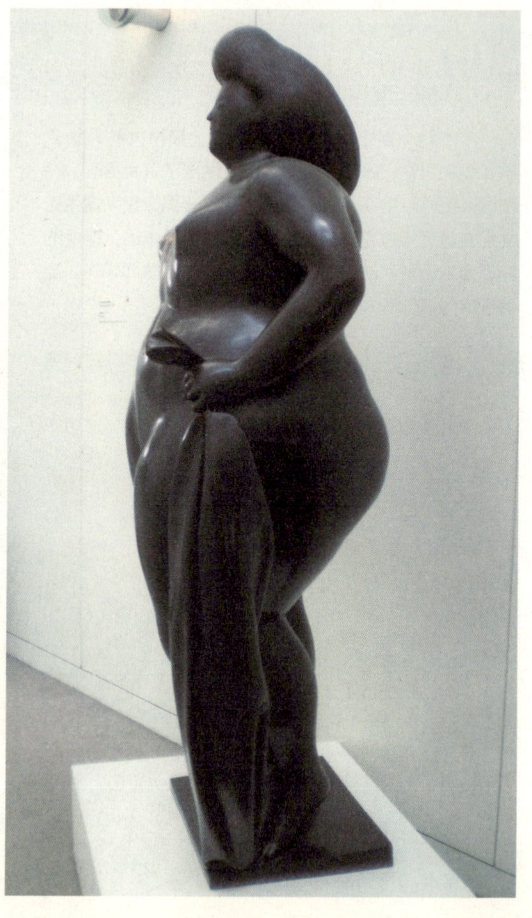

波士顿美术馆里的展品非常丰富，在美国众多美术馆中算得上是首屈一指的，吸引了无数热爱艺术的各地游客。这个美术馆主要分为九大展览区域，介绍不同时代、不同风格和不同类型的艺术作品。来到该馆的参观者除了可以看到精美的绘画作品外，还能看到雕塑、印刷、纺织类艺术作品，而现代的摄影作品也能吸引人们的目光。

TIPS

465 Huntington Avenue, Boston, M.A. 乘地铁在Museum of Fine Arts站出站 617-267-9300 15美元

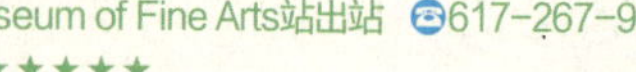
★★★★★

07 伊莎贝拉·斯图尔特·加德纳美术馆 赏

美国历史最为悠久的美术馆

伊莎贝拉·斯图尔特·加德纳美术馆是美国最早的美术展馆，它是以精美的建筑风格和众多的展品而闻名的。这个展馆的主建筑是一座15世纪时的威尼斯殿堂，附近则有哥特式、东方式、文艺复兴式的建筑，它们巧妙地融合起来，给这里带来了独特的美感。

TIPS

280 Fenway, Boston, M.A. 乘地铁在Museum of Fine Arts站出站 617-566-1401 10美元 ★★★★

08 波士顿三一教堂 赏

波士顿的宗教中心

历史悠久的波士顿三一教堂，曾经遭遇多次毁坏修复，游人们现在看到的建筑是19世纪70年代重建的。这座教堂最引人注目的地方是那座高达26米的哥特式尖塔，那两扇巨大的铜门也给人留下了深刻印象，而玫瑰色的砂岩墙体则是这里的又一大特点。走入三一教堂，可以看到精美的壁画和色彩斑斓的彩绘玻璃窗。

TIPS

206 Clarendon Street, Boston，M. A. 乘地铁在Copley站出站 617-536-0944 ★★★★

09 芬韦球场 娱

美国最为古老的大型运动场之一

芬韦球场是美国棒球大联盟传奇球队波士顿红袜队的主场，也是美国最为古老的大联盟球队球场。这里是欣赏棒球比赛的绝佳场所，被称作“绿色怪物”的左外野全垒打围墙是该体育场的非凡之处。每当芬韦球场举行比赛的时候，那种热火朝天的氛围令人不得不感叹美国深厚的棒球文化。

TIPS

4 Yawkey Way, Boston, Suffolk, M.A. 乘地铁在Kenmore站出站 617-267-1700 ★★★★

10 普鲁丹特尔中心

直入云霄的摩天大厦

普鲁丹特尔中心是波士顿第二高的摩天大厦，共有52层。来到这里的人们除了前往楼层中高级商店购物外，还能来到大厦的顶部，俯瞰波士顿的繁华风光。普鲁丹特尔中心的视野良好，游人们除了可以用肉眼纵览周边风景外，还能用望远镜来观察波士顿的各处风景。

TIPS

800 Boylston Street, Boston, M.A. 乘地铁在Copley站出站 617-236-3100 空中走廊7美元 ★★★★

11 基督教科学中心 赏

极具现代色彩的宗教建筑

基督教科学中心是大名鼎鼎的基督教科学教派的重要机构之一，它一反基督教传统的建筑风格，具有很强的现代色彩。这座建筑物的跨度极大，大厅里面还有一个独特的映像湖，那里是全中心最具魅力的地方。基督教科学中心的附属建筑众多，既有报纸的编辑部，也有学校和图书馆。

TIPS

175 Huntington Avenue, Boston, M.A. 乘地铁在Symphony站出站 617-450-2000 ★★★★

12 波士顿公共图书馆 赏

藏书量名列全美第三的图书馆

波士顿公共图书馆是美国最大的城市图书馆，它共有1500余万册藏书，名列全美第三。这个图书馆免费对外开放，是波士顿人们获得各种知识的地方，因而有着浓郁的文化氛围。波士顿公共图书馆的造型华丽，它有着罗马宫殿式的外形，里面装饰着各种精美的壁画和雕塑。

TIPS

700 Boylston Street, Boston, M.A. 乘地铁在Copley站出站 617-536-5400 ★★★★

13 马萨诸塞州议会大楼 赏

马萨诸塞州的政治中心

TIPS

24 Beacon Street, Boston, M.A. 乘地铁在Park St.站出站 617-399-1681 ★★★★

马萨诸塞州议会大楼也是马萨诸塞州政府的办公楼，它历史悠久，自1798年建成以来，就一直发挥着重大的作用。这座大楼的圆顶外层被镀上了黄金，在阳光的照射下散发出璀璨的色彩，令人赞叹不已。马萨诸塞州议会大楼外的广场上竖有多个名人塑像，大楼里面还有档案馆和博物馆可供参观。

14 波士顿科学博物馆 赏

进行科普教育的博物馆

波士顿科学博物馆有着悠久的历史，在古博物馆众多的波士顿，也能名列前茅。这座博物馆位于一座看似平淡无奇的六层红楼中，里面拥有许多珍贵的展品。来到这里可以看到许多动植物的标本，也能在二楼的实验室里验证各种科学原理。三楼则是介绍计算机发展历史和人类探索宇宙奥秘的地方。

TIPS

Science Park, Boston, M.A. 乘地铁在Science Park站出站 617-723-2500 13美元 ★★★★

15 尼古拉斯博物馆 

介绍美国上流社会生活的博物馆

TIPS

55 Mt. Vernon Street, Boston, M.A. 乘地铁在Park St.站出站 617-227-6993 5美元 ★★★★

尼古拉斯博物馆原本是美国第一位女性建筑设计师罗丝·尼古拉斯的住所，后来则被辟为一个介绍当时社会生活的博物馆。这座建筑物的造型古朴典雅，里面的装饰也都具有艺术气息，可以看得出，是经过精心布置的。来到这里还能看到历任房主所收集的各种精美的艺术作品，并感受这里独特的生活情趣。

16 非洲裔美国人历史博物馆 

介绍非洲裔美国人的苦难历史的地方

非洲裔美国人历史博物馆具有浓郁的非洲气息，是了解这一少数族群在美国的生存历史的绝佳场所。这里详细介绍了非洲裔美国人在美国的出现历史和分布情况，并介绍了一些重要的历史人物。这个展馆里还有专门的艺术展厅，那里展出的是结合非洲文化和美国文化优点的艺术作品。

TIPS

14 Beacon Street, Boston, M.A. 乘地铁在Bowdoin站出站 617-725-0022 5美元 ★★★★

17 波士顿茶叶党船博物馆 赏

极具历史意义的景点

波士顿倾茶事件是美国独立战争的导火索，因此这里就用多种方式来纪念那一重大历史事件。这个博物馆是一艘复原了的古老商船，当时的热血青年化装成印第安人在同一艘船只上将352箱茶叶倒入大海之中。游客们在此还能模仿当时倾茶的情景，将一袋袋茶叶扔到大海里，并获得热烈的掌声。

304 Congress Street, Boston, M.A. 乘地铁在South Station站出站 617-338-1773 8美元 ★★★★

18 哥伦布海滨公园 赏

风景优美的海滨公园

哥伦布海滨公园是波士顿最适合亲子出游的公园，这里风景优美，又有多个有趣的景点，深受当地孩子们的欢迎。这个公园里既有适合儿童攀爬的小山，也有能让他们纵情奔跑的绿地，波澜壮阔的大海则给他们带来了非同一般的感受。哥伦布海滨公园还有色彩绚丽的玫瑰园可供参观。

TIPS

Atlantic Avenue, Boston, M.A. 乘地铁在Aquarium站出站 617-635-4505 ★★★

19 保罗·里维尔邸宅 赏

独立战争英雄保罗·里维尔的故居

保罗·里维尔邸宅是波士顿城区唯一保存下来的17世纪建筑，它是美国独立战争英雄保罗·里维尔的住处。里面的陈设保持着原有风格，来到此处参观的游客们可以看到17—18世纪典型的美国家庭生活状态。此外，馆内还展出着保罗·里维尔亲手制作的精美银器，能让人们了解这位英雄的平凡一面。

TIPS

19 North S.q., Boston, M.A. 乘地铁在Haymarket站出站 617-523-2338 3美元 ★★★★

20 旧北教堂 赏

波士顿的古老教堂

TIPS

193 Salem Street, Boston, M. A. 乘地铁在Haymarket站出站 617-523-6676 ★★★★

旧北教堂建造于英国殖民统治时期的1723年，是波士顿历史最为悠久的教堂之一，有着鲜明的殖民地建筑特色。这座教堂最引人注目的不是那个高大的哥特式尖塔，而是独立战争的英雄保罗·里维尔的骑马塑像。教堂里面还有美国首任总统华盛顿的等身像，具有很高的历史价值和艺术欣赏价值。

21 圣斯蒂芬教堂 

波士顿的新北教堂

圣斯蒂芬教堂是波士顿重要的宗教建筑之一，它是著名建筑设计师布尔芬奇留下的最后一幢教堂建筑，因此在建筑界颇具名气。这座教堂不拘泥于传统的基督教建筑风格，有着开放前卫的色彩。高大的圆顶钟楼是这里最引人注目的地方，教堂内部装饰精美，令人赞叹不已。

TIPS

24 Clark St, Boston, M.A. 乘地铁在Haymarket站出站 617-523-1230 ★★★★

22 哈佛大学 赏

美国最著名的私立大学

哈佛大学是全世界最著名的大学，无数知名人士都曾在这里学习、进修过，它与牛津、剑桥齐名，是莘莘学子的终极目标。这座大学的园区很大，里面林木葱茏，景色优美，但又充满着青春的气息。那些活力四射的学生们与周围古朴典雅的建筑形成鲜明的对比，有着独特的美感。

TIPS

124 Mt Auburn St. Cambridge, M.A. 乘地铁在Harvard站出站 617-495-1573 ★★★★

畅游美国·波士顿

23 宪章号战舰 赏

服役时间最长的战舰

TIPS

Charlestown Navy Yard, Boston, M.A. 乘地铁在North Station站出站 ★★★★

宪章号战舰是一艘在18世纪末期服役的战舰，曾立下赫赫战功，是美国海军的功勋战舰，至今仍未退役，继续发挥着余热。这艘战舰既是一个浮动博物馆，也是美国海军的训练舰。游人们在此能够看到古老战舰的英姿，也能够看到水兵们进行各种训练的过程。附近的宪章号博物馆也是值得一去的景点。

24 邦克山纪念塔 赏

纪念邦克山战役的地方

邦克山战役是美国独立战争中最为惨烈的战役之一，后人为了纪念这场战役，就在山顶处修筑了一座高大的纪念塔。这座纪念塔的高度为67米，是由花岗岩筑成的，游客们可以通过楼梯来到纪念塔的顶部，俯瞰古战场的全貌。邦克山战役纪念馆是介绍这场战役全过程的地方，值得一看。

TIPS

Boston Navy Yard, 55 Constitution Road, Boston, M.A.
乘地铁在North Station站出站
617-242-5641 ★★★

25 麻省理工学院 赏

美国最好的理工科大学

麻省理工学院是全世界最负盛名的理工科院校，多位诺贝尔奖的得主都与该校有着不解之缘。这座大学的实验室众多，许多设备都是别处难得一见的，无论是高科技武器还是计算机科学与人工智能科学的实验室都应有尽有。

TIPS

2477 Massachusetts Avenue, Cambridge, M.A. 乘地铁在Kendall站出站 617-253-1000 ★★★★★

被誉为新英格兰精华的康科德风景秀美，在19世纪的时候，这座位于新英格兰地区的小镇居住了众多美国知名的文学家，创作了众多作品，其中不乏《小妇人》、《湖滨散记》等美国文学巨作。

26 康科德

孕育《小妇人》故事的文学小镇

TIPS

Concord 波士顿乘市郊列车在Concord下 ★★★★

看点01 爱默生之家

爱默生的旧居

爱默生从自己祖父修建的牧师旧宅搬走后住在这幢外观为白色的维多利亚风格建筑内，这幢简约优雅的房屋现今已经被辟为爱默生纪念馆，房内装饰和家具也都保持着爱默生居住时的样子供人参观。

看点02 瓦尔登湖

《瓦尔登湖》描述的风光

康科德镇郊外的瓦尔登湖风景秀美，《瓦尔登湖》中描述了瓦尔登湖的景色和人们的生活场景，是一处休闲放松的好去处。

看点03 老北桥

纪念康科德战役中牺牲的官兵

老北桥附近在1775年4月19日曾经爆发英军与美国农民兵之间的激烈枪战，现今桥北方依旧立有一座雕像，纪念康科德战役牺牲的官兵。

看点04 兰馆

《小妇人》作者的旧居

兰馆是《小妇人》作者路易莎·梅·奥尔科特一家居住的地方，这幢古朴的建筑内部依照《小妇人》书中描写的场景布置，令人仿佛身临其境。

看点05 康科德博物馆

记载康科德的历史

康科德博物馆内有15个展室和美术陈列馆，通过装饰艺术和大量出自康科德小镇的本土艺术品，向游客介绍美国独立战争的始末和当年抗击英兵等的光荣历史。

看点06 牧师旧宅

爱默生祖父修建的房屋

牧师旧宅是爱默生的祖父在1770年修建的房屋，霍桑夫妻婚后在这里居住，现今书房里还留有霍桑夫妻随手涂写的字样。

27 列克星敦

逛

美国自由独立的摇篮

风光迷人的列克星敦小镇上保留了众多18世纪的古朴建筑，1775年4月19日，在这座迷人的小镇上爆发了列克星敦战役，并随之引发了持续8年的美国独立战争，为美国的独立奠定了第一块基石，有“美国自由的摇篮”之称。

TIPS

Lexington, M.A. 781-862-1450 ★★★★

看点01 列克星敦草原

列克星敦战役的战场

位于列克星敦中心的列克星敦草原呈三角形，独立战争的第一场战役列克星敦战役就发生在这里，现今草原上还立有手持长枪的士兵雕像。

看点 02 **贝克曼酒馆**

独立军司令部所在地

贝克曼酒馆在独立战争初期曾经是独立军司令部所在地，列克星敦战役前，独立军就集结在小酒馆内，战争发生后这里还作为医务站。

看点 03 **国家遗产博物馆**

了解列克星敦的历史

国家遗产博物馆以美国独立战争和列克星敦本地的发展历史为主题，展示各种展品和实物说明，是了解独立战争和列克星敦当地历史的绝佳去处。

28 塞林

逛

充满神秘色彩的女巫镇

塞林又被称为女巫镇，早在1692年小镇上的孩子突然得了怪异的病，当时镇上的人们认为是巫术作祟，并成立了“女巫法庭”审判被认为是女巫的人，为小镇的历史蒙上了一层黑暗且神秘的色彩。现今塞林镇早已摆脱了过去愚昧黑暗的时代，但在镇上随处可以看到与女巫相关的景点，游人还可以在这里购买各种女巫的服饰，体验这里独特的“女巫文化”。

TIPS

Salem, M.A.　波士顿乘市郊列车在Salem下

978-740-1650　★★★★

看点01 女巫博物馆

了解塞林审判女巫的黑暗历史

女巫博物馆的外观好似一座教堂，内部再现了1692年塞林镇逮捕、审判、处刑女巫的全过程，可了解300多年前小镇上那段黑暗的历史。此外，在女巫博物馆前还立有女巫雕像，成为小镇的地标之一。

看点02 叶陈年胡椒糖果屋

美国最古老的糖果店

七山墙庄园旁的叶陈年胡椒糖果屋是全美国历史最悠久的糖果店，而塞林镇也因为这家小店被誉为“世界糖果之都”。

看点03 七山墙庄园

霍桑小说中的故事舞台

建于1668年的七山墙庄园因拥有七面山墙屋顶而得名，是霍桑小说《七面山墙之屋》中的故事舞台，建筑内按照小说中的描述布置，其庭园也是精心布置的，颇为美观。

29 普利茅斯

美国的寻根之旅

TIPS

Plymouth, M.A. 波士顿乘巴士即可到达 508-746-1620 ★★★★

普利茅斯是1620年12月从欧洲乘船不远万里来到美洲大陆的清教徒们最初登陆的地方。这座被誉为美国故乡的小镇是美国移民追寻自由和梦想的象征，现今沿街依旧可以看到大量开拓先民踏足的痕迹和古老的建筑。

看点01 五月花2号

清教徒搭乘前往美国的帆船

在普利茅斯港停泊的帆船“五月花2号”是美国政府为纪念1620年搭载清教徒前往美洲大陆的“五月花号”而建的一艘复制品，现今已成为普利茅斯港的标志。

看点02 普利茅斯岩

清教徒最初登陆的“圣石”

乘坐“五月花号”的清教徒经过漫长的航行最终来到美洲大陆的时候，并没有到达预定的目的地普罗温斯顿，而是停靠在普利茅斯港，清教徒在这里登陆后将踏上岸的第一块岩石命名为普利茅斯岩，这被誉为开启美国历史的圣石。

看点03 清教徒博物馆

美国最早的历史博物馆

建于1824年的清教徒博物馆是美国第一座历史博物馆，馆内收集了各种文物和资料等，详细记录了1620年开始至今的普利茅斯历史。

30 新港国际网球博物馆

全世界最大的网球主题博物馆

新港国际网球博物馆又被称为网球名人堂，成立于1954年，其宗旨是成为保存网球历史的圣殿，是全世界最大规模的网球主题博物馆。在国际网球博物馆内游人可以了解网球运动的发展历史，通过照片或视频欣赏收入网球名人堂的众多顶尖网球运动员打球时的英姿，还可以参观与网球相关的各种珍贵藏品。

TIPS

194 Bellevue Avenue, Newport, R.I. 401-846-1203 ★★★★

31 阿卡迪亚国家公园

玩

新英格兰地区唯一的国家公园

位于形状仿佛心形的Mount Desert岛上的阿卡迪亚国家公园风景优美，是新英格兰地区唯一的国家公园。山林环绕的阿卡迪亚国家公园毗邻大海，在公园东半部有长42千米的行车路段，可以欣赏海天一色的美景，或是在凯迪拉克山上尽情眺望四周的风景。

TIPS

Cottage St, Bar Harbor, M.E. 波士顿乘巴士即可到达 207-288-3338 ★★★★

AMERICA GUIDE

America

畅游美国

12

佛罗里达

毗邻大西洋的佛罗里达以棕榈海滩而闻名，除了美丽迷人的自然风光，这里还有环球影城和迪士尼世界等吸引人的主题乐园，是全世界最负盛名的度假胜地之一。

01 奥兰多迪士尼世界

玩

魔幻的童话世界

2101 Epcot Resorts Boulevard, Orlando, Florida 从奥兰多市内乘观光巴士或出租车可达 407-827-1898 55.38美元 ★★★★★

迪士尼世界是举世闻名的主题乐园，而位于奥兰多的迪士尼世界是第二座迪士尼乐园，同时这里也是美国本土最大的迪士尼乐园。在园内共有未来世界、动物王国、好莱坞影城和魔法王国四个主要部分，面积达124平方千米。在这里可以看到诸如米老鼠、白雪公主、美女与野兽等耳熟能详的卡通人物，人们可以和他们共舞，宛如回到童年时光一般。

看点01 魔法王国

乐园内最大的主题乐园

魔法王国是迪士尼乐园内最大的主题乐园，这里就好像是一个魔幻的世界一般，时常会进行热闹的花车游行，届时迪士尼动画中经典的人物都会乘坐花车出场，和人们打着招呼。到了晚上，气氛更是热烈，天上的烟火配合着人们的欢声笑语，好似美梦成真。

看点02 艾波卡特中心

看未来的科技发展

艾波卡特中心是迪士尼世界中第二座主题乐园，它的造型极具现代感，就好像一个巨大无比的网球一般。这里主要分为“未来世界”和“世界橱窗”两个部分，以令人目眩神迷的尖端科技、畅想未来和世界各国的文化为看点，展示给人们一个又一个想象中的未来城市样貌。

看点 03

迪士尼米高梅影城

看米高梅电影的精华

迪士尼米高梅影城开幕于1989年，是迪士尼和米高梅公司合作的产物，在这里能看到米高梅标志性的大狮子标记。米高梅影城在迪士尼乐园内非常显眼，一个硕大的魔法帽建筑就是它的主体，在影城里有一个好莱坞的微缩景观，到了晚上众多电影人物就会粉墨登场，和游人们一起狂欢。

看点 04

迪士尼商城

购买各种迪士尼周边玩具

在迪士尼乐园中，迪士尼商城是一个不可缺少的部分，这里出售各种迪士尼卡通人物的周边产品。其中尤其以米老鼠等著名人物的玩偶最具人气，是小朋友们的最爱。相信如果手里拿着这些周边玩具，加入各种狂欢节目中，会更有投入感。

看点 05

迪士尼动物王国

和动物们零距离接触

迪士尼动物王国是第一个自由放养动物的迪士尼主题乐园，据说这个理念还是当初沃尔特·迪士尼本人所提出的。不过这里可不是一个普通的动物园，游客可以通过乘坐乐园里的大巴在自由放养的动物区参观野生动物，和它们做零距离接触，这种互动的手法后来为众多动物园所吸取，很受人们青睐。

看点06 碧丽滩

园中最大的水上乐园

碧丽滩是迪士尼乐园中最大的水上乐园，这里拥有22条滑水道和水上缆车，夏天人们在这里可以体会到和水嬉戏的凉爽感觉。这里的滑水道就好像滑雪道一样，有多样的弯道，从高处一冲而下然后一头扎入水中那种畅快的感觉让人百试不厌。

看点07 台风湖

避暑纳凉的好地方

台风湖是迪士尼乐园中的另一大水上乐园，这里虽然不像碧丽滩那样有变化多端的滑水道，但却有着独一无二的人工波浪池，在一排排浪头下不管是谁都会立刻被浇个透。此外这里还有浮潜池和鲨鱼池，能体会到不同的有趣感受。

02 奥兰多海洋世界 玩

欣赏各种有趣的海洋动物表演

奥兰多海洋世界是全球第二大海洋主题公园，这里拥有“海洋之声”、“蓝色地平线”、“克莱德和西默的海盗岛之旅”等让人心驰神往的海洋表演。各种海豚、鲸、鲨鱼、海狮、海豹等的可爱表演更是让人不忍离开。除了海洋动物表演外，这里还有水上过山车、水下餐厅等设施，人们可以体验到在鲨鱼环伺的情况下用餐的刺激感觉，颇为新奇有趣。

TIPS

7007 Sea Harbor Drive, Orlando, Florida 从奥兰多市内乘观光巴士或出租车即可到达 407-351-3600 57.46美元 ★★★★★

03 奥兰多环球影城度假村 玩

体验电影魔术给人带来的震撼感觉

奥兰多环球影城度假村是一座新兴的度假胜地，不管你是不是喜欢看电影，来到这里都会被这里如电影场景一般的布置所震撼。整个度假村由环球影城和冒险岛两个部分组成，人们能在这里亲临各个知名大片中的场景。无论是《哈利·波特》中的魔法大陆还是《侏罗纪公园》那白垩纪时代的荒野，甚至是《怪物史莱克》里那充满神秘的世界，都完整地呈现在人们眼前，让人流连忘返。

TIPS

6000 Universal Boulevard, Orlando, Florida 从奥兰多市内乘观光巴士或出租车即可到达 407-363-8000 58.31美元 ★★★★★

看点01 环球影城

身临其境体验电影特效

环球影城是环球影城度假村内的重要组成部分，这里包含好莱坞、制片中心、纽约、旧金山、世博会以及儿童乐园共六个区域，向游客们展示一部部电影的制作过程。游客们除了能身临其境地体验各种电影特效，还能参与到《未来世界》、《侏罗纪公园》和《ET》的场景中去，体验一把成为主人公的感觉。

看点02 冒险岛

亲身进入电影的世界中

冒险岛主要由惊奇超级英雄岛、图恩湖湖畔、侏罗纪公园、失落的大陆、苏斯着陆和最新开放的哈利·波特的魔法世界这六个小岛组成，每个岛各有各的特色，使用最先进的科技和声光电效果营造出多姿多彩的魔幻世界，让人流连忘返。

04 肯尼迪航天中心 

人类探索宇宙的起点

肯尼迪航天中心成立于1962年，是NASA美国国家航天航空局专门进行载人和非载人航空试验以及发射各种火箭和飞船的重要地点，也是当今世界上最大的航空发射中心。在这里有一个参观者中心，人们可以观看飞船的发射。当最后一架航天飞机“亚特兰蒂斯”号完成它最后的航行回归的时候，在肯尼迪航天中心汇集了数万观众，他们目睹了一个时代的结束。同时这里也会接受孩子们的参观，向他们介绍各种航空知识。

TIPS

Space Center, Florida　乘Beeline Expressway换乘FL-407或FL-405可达　321-449-4444　35美元　★★★★★

看点01 LC-39望塔

看火箭的发射

LC-39发射平台是肯尼迪航天中心的火箭发射场之一，这里原本是阿波罗计划的发射场，后来改为航天飞机发射用。有LC-39A、LC-39B等多个发射平台，人们可以通过中间的LC-39 望塔观看航天飞机的发射。

看点 02 火箭庭园

造型特别的公园

火箭庭园是肯尼迪航天中心内一个有趣的地方，这里一改发射中心荒无人烟的样子，有绿树，有房屋，特别是在中间有6座火箭高高矗立，十分壮观。此外在公园里还有一尊史努比的雕像，可爱的小狗头戴航空头盔，身着宇航服，好像要去宇宙中游玩一番，十分有趣。

05 鳄鱼公园 玩

佛罗里达最具人气的公园之一

佛罗里达拥有大片的湿地，是鳄鱼栖息的最好场所，因此在佛罗里达州随处都能看到鳄鱼懒洋洋地在阳光下打盹。而鳄鱼公园则是佛罗里达最具人气的公园之一。这里除了饲养有大量的鳄鱼以外，还有很多诸如苍鹭、蛇、火烈鸟等动物，它们在这里一起为人们表演诸如鳄鱼摔跤、喂食比赛等引人入胜的节目。如果胆量够大，人们还可以坐在鳄鱼背上，和平时看起来凶神恶煞的鳄鱼玩耍。

TIPS

14501 South Orange Blossom Trail, Orlando, Florida
乘I-4在Exit 67换乘FL-417 North在Exit11下车
407-855-5496 21.25美元 ★★★★

06 狂野水上乐园 玩

设施花样繁多的水上乐园

TIPS

6200 International Drive, Orlando, Florida 在奥兰多市内乘出租车即可到达 407-351-1800 35.09美元
★★★★★

狂野水上乐园开业30多年来，一直都是全美乃至世界最顶尖的水上乐园。这里设施一流，娱乐节目十分丰富，有世界最惊险、最高的水上滑道，也有十分刺激的急流勇进，更有适合全家一起娱乐的木筏漂流。人们来到这里就可以和水进行亲密接触，无论男女老幼都能在这里找到适合自己的娱乐项目，是夏季消暑纳凉的最佳选择。

07 坦帕湾布希花园

最具自然风情的地方花园

坦帕湾布希花园是佛罗里达最具自然风情的地方，不过这里的风景可并不是单一的绿树红花，而是生活有大量的野生动物。人们在这里可以看到超过2700只的各色动物，包括白虎、河马、犀牛等，甚至还能在导游的带领下进入土狼、秃鹰、大猩猩等动物的巢穴一探究竟，十分刺激。除了自然风光外，这里还有完善的娱乐设施，刺激的过山车能让人好好地感受一番天旋地转的感觉。

TIPS

3605 Bougainvillea Ave.,Tampa, Florida 在奥兰多市内乘出租车即可到达 813-987-5404 57.73美元 ★★★★

08 奥兰多科学中心

融展示和教学于一体的科学博物馆

奥兰多科学中心原名中央佛罗里达博物馆，建立于1955年。这里主要面向的人群是青少年，除了向他们展示各种科学实验和展品外，还会为他们提供各种教育课程，让他们能在亲手实验的基础上了解更多的自然科学知识。特别是在科学中心的电影馆里有一块大型的穹顶银幕，这里通过计算机的投射会映出满天的星空，十分漂亮。同时这里的恐龙区也会通过大量的化石向人们展示恐龙从兴盛到灭亡的整个过程。

TIPS

777 East Princeton Street, Orlando, Florida 407-514-2000 14.95美元 ★★★★

09 橘郡历史博物馆

展示佛罗里达悠久的历史

橘郡历史博物馆是一处反映佛罗里达州悠久历史的博物馆，同时这里还介绍了佛罗里达州的自然环境和产业情况，可以说是介绍佛罗里达的一本百科全书。馆内设施先进，通过声、光、电等多媒体手段向人们直观地展示佛罗里达州发展的历程。如果想要全面地了解佛罗里达各方面的历史和情况，来这里一定不会失望的。

TIPS

65 East Central Boulevard, Orlando, Florida 407-836-8500 7美元 ★★★★

10 圣奥古斯丁 逛

西班牙殖民者最先登陆之处

圣奥古斯丁是当年西班牙殖民者最先登陆北美洲的地方，他们在这里建起了北美最早的城市，如今这座城市还保留了很多当年殖民者的痕迹，那座大大的西班牙城堡正是这里悠久历史的体现，城堡墙上斑斑弹痕似乎还在述说这里曾经发生过的激烈战事。这里的公园展示着古时人们所使用的工具、武器，处处都充满了大航海时代的美妙风情，让人久久难忘。

TIPS

St. Augustine, Florida 904-825-1000 ★★★★

看点01 狮子桥

风景优美的大桥

狮子桥位于圣奥古斯丁古堡不远处，因为桥头有很多狮子像而得名。这里连接着古堡和小镇，是一座造型很古典的拱桥。桥上还一排排地并列着很多路灯，到了晚上这些路灯会一同亮起，灯光将桥照射得十分美丽，让不少游客流连忘返。

看点02 西班牙区

西班牙人最早殖民的区域

圣奥古斯丁西班牙区是西班牙移民最早在美国殖民的地方，现在这里依然保持着传统的西班牙风貌。走在这里好像穿越回到了大航海时代的马德里街市一般。在这里还陈列着西班牙殖民时期的古老文物和当时生活情景的复原图，吸引了不少游客前去一探究竟。

看点03 圣马克斯堡

西班牙人修建的防御要塞

1672年修建的圣马克斯堡是西班牙人统治这一地区时为了抵御英军进攻而修建的防御要塞，现今这座要塞城堡依旧保存完好，游人可以参观岗哨、炮台、武器库等，并可在城墙上一览周围美丽景色。

看点 04 美国最古老的木结构校舍

古老的木质建筑

美国最古老的木结构校舍位于圣奥古斯丁西班牙区的城门附近，这里是西班牙殖民时期遗留下来的。校舍由红杉木与柏木建成，上面还有不少后来对其修修补补的痕迹，可见其古老悠久的历史。由于校舍是木结构的，因此在里面没有厨房，也严禁火烛。此外在校舍背后还有一处小花园，是当时的孩子们游玩嬉戏的场所。

11 佛罗里达水族馆

历史悠久的水族馆

位于坦帕湾的佛罗里达水族馆是佛罗里达州历史最悠久的水族馆之一，这里有得天独厚的地理优势，水生生物十分丰富，在水族馆里有超过2万头水生生物。这里的设施虽然比起其他地方来稍显陈旧，但却富有自己独特的韵味。比如在水族馆的水箱前放置有木质摇椅，人们可以坐在上面一边摇动一边欣赏美丽的鱼儿，别有一番趣味。

TIPS

701 Channelside Drive, Tampa, Florida 乘公共汽车在Channelside站下 813-273-4000 15.95美元 ★★★★

12 圣彼得斯堡 逛

美丽的阳光之城

圣彼得斯堡位于佛罗里达州西海岸，东临坦帕湾，西接墨西哥湾，拥有漫长的海岸线。这里阳光充足，有“阳光之城”之称。在这里有着松软的白色沙滩，片片绿色的树林，人们可以赤足走在沙滩上，感受那无边的热带风光。此外，圣彼得斯堡市内人文内涵也十分丰富，达利美术馆是这里著名的艺术殿堂，此外唐瑟萨纪念馆、艺术博物馆等也很具人气，是一个风光明媚、艺术气息浓厚的旅游城市。

St. Petersburg ★★★★

看点01 圣彼得斯堡历史博物馆

介绍圣彼得斯堡的古老历史

圣彼得斯堡历史博物馆是展示圣彼得斯堡这座古老城市历史的地方，整个博物馆的建筑朴实无华，处处都显出深厚的历史凝重感。在这里陈列着从圣彼得斯堡建城以来的很多历史文物，走进这里就好像走入了圣彼得斯堡的历史之中一般。

看点02 达利美术馆

达利藏品丰富的美术馆

位于圣彼得斯堡的达利美术馆收藏了著名的超现实主义画家萨尔瓦多·达利在西班牙之外的最大一批藏品，其中有96幅油画，100多幅水彩画和素描画，数千座雕塑、摄影和档案材料等。此外，巨大的达利夫妇的照片是这家博物馆的最大标志。

看点03 阳光大桥

造型优美的跨海大桥

阳光大桥建于1982年，连接起圣彼得斯堡和帕尔梅托市，它好像一道白练一般跨越在大海之上，形状优美而自然。其独特的设计可以使驾驶员毫无遮挡地欣赏大海中的美景，因此也被评为世界十大桥梁中的第三位。

看点04 清水海滩

最具人气的沙滩

清水海滩是圣彼得斯堡最具人气的游览景点，是当地在漫长的沙滩上向客人们提供野餐和垂钓的场所，还有一大片适合步行参观的游览区。人们可以在沙滩上赤足行走，享受美景和沙子给人带来的共同乐趣。

13 迈阿密海洋馆

有最具人气的动物表演

坐落于迈阿密市比斯坎湾弗吉尼亚码头的迈阿密海洋馆，建于1955年，是南佛罗里达规模最大的海洋公园。在这里最受欢迎的是鲸和海豚露天剧场，每天这里都会举行四场动物表演，尤其是海豚表演时，游客们可以触摸那些海豚，并参与到表演之中。这种与游客互动的表演拥有极高的人气，每天都是场场爆满。此外，在这里还设有儒艮馆，人们可以在馆内看到这种可爱的珍稀动物，和它们做近距离接触。

TIPS

4400 Rickenbacker Causeway, Key Biscayne, F.L. 乘公共汽车在Rick-enbaker Causeway站下 305-361-5705 24.95美元 ★★★★

14 南佛罗里达历史博物馆

展现南佛罗里达的发展史

在迈阿密市中心有一座粉红色的建筑，这里就是南佛罗里达历史博物馆，它和周围的艺术中心及图书馆共同构成了迈阿密文化中心。这座博物馆里展出的内容涵括了南佛罗里达地区从史前时代到印第安人时代再到西班牙殖民时期最后发展成现在样貌的整个历史过程。这里的另一大主题就是西班牙殖民者对此地的大力开发，通过展出很多当时的实物，可以看到迈阿密是如何发展成如今的现代城市的。

TIPS

101 West Flagler Street, Miami, F.L. 乘地铁在Government Center站出站 305-375-1492 5美元 ★★★★

15 菲卡亚博物馆 赏

富商别墅改建的博物馆

TIPS

3251 South Miami Avenue, Miami, Florida 乘地铁在Viacaya站出站 305-250-9133 12美元 ★★★★

菲卡亚博物馆位于迈阿密的比斯坎湾旁，这里原本是当地富商的别墅，因此建筑显得富丽豪华，有着19世纪末期独特的艺术风格和特色。馆内珍藏着很多艺术品，大多由当地人捐赠。而这里的自然风光是博物馆最大的看点之一，博物馆地处海湾沿岸，蓝天、海水、绿树组合成曼妙无比的风景。同样风光无限的还有这里的花园，这里拥有幽深繁茂的热带雨林，有神秘莫测的红树林沼泽，人们可以在里面体验大自然的神奇魅力。

16 珊瑚城堡 赏

用珊瑚石搭建的壮丽城堡

珊瑚城堡是迈阿密最美丽也最具神秘感的地方，这座硕大的城堡完全是用珊瑚石搭建而成，而且传说是由其主人李斯特一个人单独完成的。走进城堡，一种空灵神秘的感觉迎面而来，一块块大小各异的珊瑚石组成了大厅、喷泉、雕塑等部分，而且这些石雕大多做工精湛、巧夺天工。比如城堡中的大门重达9吨，但是只要轻轻一推就可以将其打开。这些到底是如何做成的，至今依然是个未解之谜。

TIPS

28655 S. Dixie Highway, Homestead, Florida 乘公共汽车在SW 288 St. 或 SW 157 Ave.站下 305-248-6345 9.75美元 ★★★★

17 罗德岱堡

美国的威尼斯

罗德岱堡是一座位于南佛罗里达的小城，在这座城里一条条运河如网般密布，因此这里也有“美国的威尼斯”的美称。而同时在这里还有无数的酒吧和俱乐部，有时人们也将这里称为“酒谷”。如今的罗德岱堡不再是那个只有喧嚣的度假人群和纸醉金迷的夜生活的地方，它拥有自己的博物馆、艺术馆等文化设施，显得更为沉稳而有内涵，是南佛罗里达最具人气的游览胜地。

TIPS

Fort Lauderdale, F.L. 954-765-4466 ★★★★★

看点01 马尔湾小港

罗德岱堡游览的起点

马尔湾小港可以说是游览罗德岱堡的起点，这里有着绵延3000米的海滩，到处都停泊着各色游船。游人熙熙攘攘，他们有的在这里散步，有的或是滑旱冰玩耍，或是骑车观光，十分热闹。

看点02 国际泳池名人馆

游泳爱好者的圣殿

国际泳池名人馆内收藏展示有历届奥运会和世锦赛冠军选手的泳衣、奖牌、照片和锦旗等展品，除了展室，这里还设有奥运规格的标准泳池，在没有举办活动的日子里，一般游客也可在泳池中一显身手。

看点03 波内特别墅

罗德岱堡唯一开放的私人宅第

波内特别墅是罗德岱堡唯一一座开放参观的私人宅第，这里曾是芝加哥美术商及画家佛雷力克·巴特雷特的画室和别墅，在这里可以看到很多巴特雷特自己所创作的画作以及他的丰富收藏，还能去他的花园一观。

18 大沼泽地国家公园

美国最大的亚热带野生动物保护区

玩

大沼泽地国家公园是美国本土最大的亚热带野生动物保护区，在6000多平方千米的范围内生长着大量的亚热带野生动植物，碧绿的松树林和一片鲜红的红树林交相辉映，形成一派神奇的景色。既有苍鹭、白鹭这样美丽的水鸟，也有美洲鳄、海牛和佛罗里达黑豹这样的珍稀动物生活其中，真是一片天然的动物乐园。人们可以乘船穿梭于大沼泽中的每条支流中，也可以背起背包在丛林中探险，享受大自然带来的乐趣。

TIPS

40001 State Road 9336, Homestead, F.L. 从迈阿密乘旅游巴士或出租车即可到达 305-242-7700 95美元 ★★★★

* 大沼泽狩猎公园

看沼泽地区各种野生动物

大沼泽狩猎公园位于大沼泽地国家公园的外围，人们可以乘坐汽船在大沼泽地里穿行，在这里可以目睹鳄鱼们狩猎的过程，和各种珍禽异兽做近距离的接触，深切地感受这片神奇的大沼泽地散发出的无穷魅力。

19 迈尔斯堡 逛

美国人养老的首选地点

迈尔斯堡位于佛罗里达州西南部，地处卡卢萨哈奇河河口，是南佛罗里达重要的交通和旅游中心。这里濒临大洋，有大片的海滩，风光旖旎，因此是美国人夏季度假经常来的地方。同时这座城市生活节奏舒缓，交通便利，也成了美国人退休养老的首选地点。在这座城里有很多名人留下的住宅，著名的发明家爱迪生和“汽车大王”福特都曾经居住于此。如今，很多好莱坞知名影星也在这里建造豪宅，享受这里的美好生活。

TIPS

Fort Myers, F.L. 239-332-3624 12美元 ★★★★

20 基韦斯特 逛

美国陆地的最南端

基韦斯特位于佛罗里达州最南部的墨西哥湾中，这里是美国最南端有人居住的岛屿，通过号称“世界最美的跨海高速路”的US-1号公路与美国本土相连。岛上地势平坦，由于地处热带而常年无冬。这里没有高楼大厦，有的只是无穷的热带风情。如今，每天上岛游玩的游客数量接近2万人，而加勒比海上的游船也多会停靠于此地，甚至美国总统杜鲁门也曾经把自己的办公地设在这里。

TIPS

Key West 迈阿密乘灰狗巴士即可到达 305-294-2587 ★★★★

看点01 梅尔·费雪博物馆

令人眼花缭乱的博物馆

梅尔·费雪博物馆是一家专门收藏著名的探险家梅尔·费雪所四处收集来的珍宝的博物馆，同时这里还有大批的潜水员在世界各地打捞各种沉船，并将所收获的珍贵物品全都展示出来，让人看得眼花缭乱。

看点02 美国领土最南端

美国最南端的标志

在基韦斯特南端的怀特海德街尽头，有一个巨大的浮标，上面写着“美国领土最南端”的字样，这里就是美国陆地领土的最南端，同时还意味深长地写着“由此到古巴90英里”。每年都有不少游客来到这里拍照留念，显示自己已经来到了美国的天涯海角。

看点03 灯塔博物馆

灯塔改建的博物馆

灯塔博物馆是基韦斯特最著名的景点之一，这里原本是指示加勒比海上行船的一处航标，现在被改造成博物馆。人们可以通过88级楼梯来到灯塔顶端，整个基韦斯特的美景尽收眼底。这里树木葱茏，白色的小屋错落有致地排列着，尽显热带风情。此外，这里还会教授游客旗语，很有趣味。

看点04 基韦斯特水族馆

佛罗里达第一家露天水族馆

基韦斯特水族馆是佛罗里达州的第一家露天水族馆，在这里可以看到饲养着的数百种海洋生物，而且所有的水箱都排列在长长的走道两侧，看起来一点也不费力。此外，在这里孩子们还能用手去触摸海参，看它们躲避敌袭时喷出内脏的情景，还能看到凶猛的鲨鱼捕食时的样子，感到大开眼界。

看点05 邋遢乔酒吧

海明威常去的酒吧

邋遢乔酒吧是海明威在基韦斯特居住时经常去的酒吧，这里最引人注目的当属一年一度的“海明威模仿大赛”，届时这里就会聚集起很多大胡子的“海明威”。他们在一起比较自己的扮相，一起开怀畅饮，大赛日就成为小岛上最热闹的日子。

看点06 海明威故居

大文豪的故里

海明威是基韦斯特最著名的人物，他曾经在这里居住了十年，并且创作出《丧钟为谁而鸣》、《乞力马扎罗山上的雪》等一系列脍炙人口的杰作。他的故居就位于怀特海德街907号，这里还保持着海明威居住时的样子，而且随处能看到很多人留着大胡子，扮作海明威聚在一起狂欢，可见这位大文豪在当地人心中的地位。

AMERICA GUIDE

America

畅游美国

13

五大湖

作为美国和加拿大的交界处，苏必利尔湖、休伦湖、密歇根湖、伊利湖、安大略湖共同组成了世界上最大的淡水水域，有北美地中海之称。

01 五大湖

世界上最大的淡水水域

五大湖位于美国和加拿大的交界处，苏必利尔湖、休伦湖、密歇根湖、伊利湖、安大略湖共同组成了世界上最大的淡水水域，也被人称作“北美洲的地中海”。五大湖不但淡水资源富足，各种矿藏也十分丰富，位于五大湖附近的芝加哥就是美国的工业重镇。此外，这里也是著名的观光胜地，五大湖周边风光旖旎，各种野生动植物随处可见，人们可以在这里探险、垂钓，享受大自然的乐趣。

美国与加拿大交界处 ★★★★★

看点01 苏必利尔湖

世界上面积最大的淡水湖

苏必利尔湖位于五大湖的最北端，是世界上面积最大的淡水湖，其蓄水量为1.2万立方千米，占五大湖蓄水量一半以上，居世界第三。美加两国在苏必利尔湖周围建设阿波斯尔群岛国家湖滨区、罗亚尔岛国家公园、帕卡斯夸国家公园、苏必利尔湖省立公园、大岛国家休闲区、沉睡巨人省立公园和彩画岩国家滨湖保护区等景区，是度假休闲的好去处。

看点02 休伦湖

体验湖畔野营的乐趣

休伦湖是五大湖中的第二大湖，这里物产丰饶，矿产丰富。湖周围都是茂密的森林，常有水鸟在水中嬉戏玩耍，还有浣熊、野兔、狐狸等野生动物在湖边觅食，一派充满生机的自然画面。休伦湖畔有很多露营地，人们可以在这里搭起帐篷，享受野餐烧烤，体验自然之乐。

看点03 密歇根湖

五大湖中唯一完全属于美国的湖泊

密歇根湖面积居五大湖的第三位，是五大湖中唯一完全属于美国的湖泊。密歇根湖周围河网密布，有100多条小河在这里汇集，湖东岸是著名的水果产区，而北岸则有着丰富的渔业资源。值得一提的是密歇根湖畔的沙滩，这里沙质柔软，踩在上面会发出嘎吱嘎吱的声音，被人戏称为“会唱歌的沙子”。

看点04 伊利湖

五大湖的最南端

伊利湖是五大湖中的第四大湖，也是五大湖中最南端的一处。因为湖四周工业发达，所以湖水曾经遭受严重的污染，后来在有效的治理下已经有所缓解。伊利湖沿岸港口众多，航运十分发达，连通着美加两国最重要的经济区，是两国间的经济命脉。

看点05 安大略湖

美加两国的交通枢纽

安大略湖是五大湖中最小的一处，“安大略”一词来自易洛魁语，意思是“美丽之湖”或“闪光之湖”。安大略湖和伊利湖一样，沿岸遍布港口，人口密集，航海运输十分繁忙。这里西南经韦兰运河与伊利湖相连，西北经特伦特运河与休伦湖的乔治亚湾相连，东北经里多运河与渥太华河相连，是世界航运的重要枢纽。

02 林肯公园

设施丰富齐全的公园

TIPS

Lincoln Park，Chicago, I.L. 乘地铁在Armitage站出站 ★★★★

林肯公园位于密歇根湖边，占地面积达4.9平方千米。自1843年起，这里就作为芝加哥市的城市公墓而存在，在这里埋葬着很多芝加哥历史上的名人。1864年时被改造成公园。林肯公园范围内包含动物园、植物园、露天剧场、赛艇运河等部分，还有15个棒球场、6个篮球场、2个垒球场、35个网球场、163个排球场、1个高尔夫球场以及1个健身中心等娱乐设施，是当地市民健身娱乐的大好地方。

03 林肯公园动物园

林肯公园重要的组成部分

TIPS

2001 North Clark Street, Chicago, I.L. 乘地铁在Armitage站出站 312-742-2000 ★★★★

林肯公园动物园位于林肯公园南侧，是1868年和林肯公园同期建设的。在这里生活着各种动物共1200多头，尤其是在大猩猩的饲养方面，这座动物园在世界名列前茅。此外，在公园内还有普瑞兹科家庭儿童动物园和动物园农场两个部分。在这里小朋友们可以直接和牛、马、羊等常见动物做亲密接触，给它们喂食，体验和动物们共同生活的乐趣。

04 壮丽大道区

景色壮美的商业大道

TIPS

645 North Michigan Avenue, Chicago, I.L. 乘地铁在Grand-Red站出站 312-595-7437 ★★★★

壮丽大道区是人们对北密歇根大道的昵称，在这条全长3000米左右的道路上，分布着各种名牌精品店，是芝加哥市最著名的商业区，还有人将其和法国的香榭丽舍大道相提并论。同时大道两侧的建筑也充满了现代艺术风格，极具艺术感。每年春天，这条大街上都会绽开数万朵郁金香，将大道装点得更加美丽。

05 海军码头

芝加哥主要的娱乐场所

TIPS

600 East Grand Avenue, Chicago, I.L. 乘地铁在Grand-Red站出站 312-951-9900 ★★★★★

海军码头位于密歇根湖畔，这里建于1916年，“二战”中是美国海军的重要港口和基地。1989年，这里被改造成一处娱乐场所。海军码头有公园、花园、商店、餐馆等，还有一座大型摩天轮，在摩天轮上，芝加哥美丽的夜景尽收眼底。每到夏季的夜晚，这里的大广场上都会举办热闹的音乐会等活动。不过这里也没有忘记自己码头的本色，停靠在这里的仿真海盗船也能让人们体验一下古代水手的壮志豪情。

06 密歇根大道

芝加哥最主要的干道

密歇根大道是一条南北纵贯芝加哥市区的主要干道，它沿途经过芝加哥很多著名景点和最繁华的商业区，一直都是芝加哥的骄傲。自1924年芝加哥第一套交通灯系统在这里安装起，密歇根大道就成了芝加哥的标志，包括约翰·汉考克中心、棕榈大厦、芝加哥水塔等芝加哥的地标都位于大道两侧。漫步于大道上，芝加哥最美的一面完全体现出来，让人眼花缭乱。

TIPS

Michigan Ave. Chicago, I.L. 乘地铁在Grand-Red站出站 ★★★★★

07 格兰特公园

芝加哥最漂亮的公园

格兰特公园是芝加哥最漂亮的公园，坐落于芝加哥的两大景观密歇根大道和密歇根湖之间，占地1.29平方千米。这座公园始建于1844年，后来在1901年为了纪念南北战争时的名将格兰特将军而改名为格兰特公园。这里是芝加哥很多重要活动的举办地，比如芝加哥公牛队夺冠时的庆典、芝加哥的美食节、爵士音乐节、布鲁斯音乐节等。同时园内还有很多娱乐设施，可以供游人休闲活动。

TIPS

337 East Randolph Street, Chicago, I.L. 乘地铁在Randolph St. Metra站出站 312-742-7648 ★★★★

白金汉喷泉

世界上最大的照明喷泉之一

白金汉喷泉是世界上最大的照明喷泉之一，整座喷泉高50多米，底层的水池直径达85米，每分钟喷出的水量达53立方米。这里每天从早8:00至晚11:00都会进行喷泉表演，每次表演长40分钟，特别是黄昏时，灯光、音乐与喷泉一起配合，宛如一首壮美的诗篇。

08 希尔斯大厦 赏

20世纪的世界第一高楼

希尔斯大厦是芝加哥最著名的摩天大楼，这座高110层的办公楼曾经是世界上最高的建筑。希尔斯大厦由九个好像空盒子一样的塔楼堆叠在一起，它们的连接部分是用钢结构焊接在一起的，因此在有“风之城”之称的芝加哥能安然矗立这么多年。在大厦的103层设有观景台，从这里可以远眺密歇根湖，还能体验大厦在强风之下摇晃的刺激感觉，让人印象深刻。

TIPS

233 S Wacker Dr # 3530, Chicago, I.L. 乘地铁在Quincy/Wells站出站 ★★★★

09 约翰·汉考克中心

设计理念独特的"大约翰"

约翰·汉考克中心位于密歇根大道上，这座芝加哥人爱称为"大约翰"的摩天大楼在1969年完工时就成为美国除纽约之外的最高建筑，如今则已经退居到第五的位置。这座大楼的设计理念非常独特，设计师们别出心裁地将大楼内部的各种管道移到了外墙上，使之成为加固大楼墙体的手段之一。大楼上设施齐全，除了有高层餐厅和观景台外，在44层还有一个室内游泳池，这也是全美最高的室内游泳池。

TIPS

875 North Michigan Avenue, Chicago, I.L. 乘地铁在Chicago-Red站出站 312-751-3681 ★★★★

10 马利纳城

宏伟的城中之城

马利纳城是芝加哥最出名的建筑，这一对玉米形状的双子塔楼几乎出现在所有和芝加哥有关的电影电视之中。马利纳城由两座高65层的建筑、一座高179米的住宅大厦、鞍形礼堂以及一个中等高度的饭店建筑组成，设施十分齐备，堪称一处城中之城。登上马利纳城，无论看向东南西北哪个方向，都可以看到芝加哥的各处知名景点，所处的地理位置十分优越，也就成了芝加哥人最向往的居所。

TIPS

300 North State Street # 3808, Chicago, I.L. 乘地铁在Grand-Red站出站 312-527-0800 ★★★★★

11 阿德勒天文馆及天文学博物馆

赏

历史悠久的天文馆

TIPS

1300 South Lake Shore Drive, Chicago, I.L. 乘地铁在Roosevelt站出站 312-922-7827 ★★★★

位于密歇根湖畔的阿德勒天文馆及天文学博物馆建于1930年，是西半球最古老的天文馆。虽然历史悠久，但是这里设施依然先进，这里运用计算机技术，直接将银河的影像投射在屋顶天幕上，同时在座位上加上了感应器，能让人切切实实地感受银河的深邃。同时这里还有对地球上大气环流的演示，一个巨大的玻璃球表面漂浮着一团团白色气体，如果用手转动这个球会发现，不管这个球怎么转动，气流很快就会变回原来的样子，十分神奇。

12 雪德水族馆

赏

看加勒比深海的生物样貌

位于格兰特公园内的雪德水族馆是世界上第一座身处内陆却饲养了海洋生物的水族馆。水族馆内共有130多个水族箱，饲养着2100多种各类水生生物，甚至还包括密西西比河大雷鱼这样的珍稀动物。水族馆内的加勒比展区最受人欢迎，在这里有各式各样华丽的珊瑚以及鲨鱼、鳗鱼、蝴蝶鱼、海龟等60多种生物，将加勒比地区深海的样貌完全复制了出来。值得一提的还有展示观赏鱼的展厅，这里被布置成中国庭院的样式，据说是为了表达中国是人工养殖鱼类的先驱。

TIPS

1200 South Lake Shore Drive, Chicago, I.L. 乘地铁在Roosevelt站出站 312-939-2438 ★★★★

13 联合中心球馆 娱

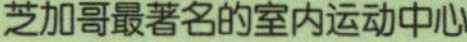

芝加哥最著名的室内运动中心

联合中心球馆是芝加哥最著名的室内运动中心，这里是职业篮球队芝加哥公牛队和冰球队芝加哥黑鹰队的主场，同时这里还是芝加哥马戏团和冰上迪士尼及WWE职业摔跤的表演场地。每年这里要举行数百场各种体育比赛和艺术表演，是芝加哥人最重要的娱乐中心。在这里上演过无数的精彩瞬间，尤其是飞人乔丹效力于公牛队时给这座体育馆带来过无数荣耀的时刻，这一切的一切都是芝加哥人最美好的回忆。

TIPS

1901 West Madison Street, Chicago, I.L. 乘地铁在Chicago-Red站出站 312-455-4500 ★★★★★

乔丹塑像

最伟大的篮球运动员

乔丹塑像位于联合中心球馆的东侧，乔丹是篮球历史上最伟大的球员，被无数人奉为上帝。这座塑像采用了乔丹在1989赛季一场比赛中，力压对手扣篮成功的造型，这也是乔丹篮球生涯中的经典时刻之一。每年都会有无数人来到这里观看这座塑像，其狂热程度好像真的看到了乔丹本人一般。

14 菲尔德自然历史博物馆

美国名列第三的自然历史博物馆

菲尔德自然历史博物馆建于1939年，原来是为了保存哥伦比亚世博会上展出过的生物和人类学展品。如今馆内藏品达到了1500多万件，在美国同类博物馆中名列第三。其中主要分作美国西北部、西南部、大草原等展区，展出了包括印第安图腾柱、猛犸化石、恐龙骨骼化石等。在博物馆中还有一处图书馆，藏书超过25万册，是自然历史爱好者们学习知识的宝库。

TIPS

1400 South Lake Shore Drive, Chicago, I.L. 乘地铁在Museum Campus站出站 312-665-7909 ★★★★

15 千禧公园

连接现代城市和自然风景的纽带

TIPS

201 East Randolph Street, Chicago, I.L. 乘地铁在Ranpolph St. Metra站出站 312-742-1168 ★★★★

千禧公园事实上属于格兰特公园的一部分，位于格兰特公园的西北侧，是1998年为了纪念千禧年的来临而动工兴建的，不过公园完成时已经是2004年了。这座公园中以后现代主义风格建筑居多，其中露天音乐厅、云门和皇冠喷泉是这里最具代表性的建筑。千禧公园一面靠着密歇根湖，另一面紧邻希尔斯大厦等现代建筑，它有机地将两者结合在一起，形成一幅彩色画卷。

看点01 皇冠喷泉

美轮美奂的喷泉

皇冠喷泉位于千禧公园的中心位置，它的主体由黑色花岗岩搭建而成的映像池与两座玻璃高塔构成，喷泉水就从高高的塔顶奔流而下。而在玻璃塔里可以播放各种视频影像，和喷出的水流一起构成了美轮美奂的景色。

看点02 云门广场

造型前卫的雕塑

云门广场是千禧公园内最具现代艺术感的地方，其中有一座使用100多块不锈钢板拼接起来的被称作“云门”的雕塑。它呈一个水滴的形状，在阳光下闪闪发光，能将四周的景色清晰地映射出来，是广场上的标志性景观。

16 尼亚加拉瀑布

世界三大瀑布之一

TIPS

151 Buffalo Avenue Niagara Falls，New York，14303

纽约乘枫叶号列车在尼亚加拉瀑布站下 716-284-8897

12.5美元 ★★★★★

尼亚加拉瀑布位于加拿大安大略省和美国纽约州的交界处，是北美洲最著名的自然景观。它与南美的伊瓜苏瀑布及非洲的维多利亚瀑布合称世界三大瀑布。这条瀑布平均流量5720立方米/秒，巨大的水流以势不可当之势直下数十米，声响震天，气势磅礴，也被印第安人敬畏地称为“雷神之水”。历史上为了争夺这片宝地，美加两国不惜发动战争。如今这里已经被定为美加两国共有，而到尼亚加拉瀑布度蜜月也成了人们的一种时尚。

17 密尔沃基艺术博物馆

宛如艺术品一般的博物馆

密尔沃基艺术博物馆位于五大湖之一的密歇根湖畔，粼粼波光映照着这座宛如艺术品一般的博物馆。每天博物馆开馆的时候，博物馆顶上的太阳屏好像翅膀一样缓缓打开，十分壮观。这是为了遮挡自然光，让人们能更好地在灯光下参观博物馆。在电影《变形金刚3》中，这座美丽的博物馆也作为一个重要场景出现，使得这处博物馆的知名度进一步提高。

700 N Art Museum Dr, Milwaukee, WI 乘公共汽车在Prospect & Mason站下车即可到达 414-224-3200

★★★★

AMERICA GUIDE

洛杉矶

洛杉矶是加利福尼亚州最大的城市，同时也是全世界闻名的娱乐中心，举世闻名的好莱坞和洛杉矶湖人队都是星光闪耀的洛杉矶城市标签。

01 联邦车站 赏

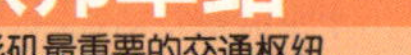

洛杉矶最重要的交通枢纽

TIPS

North Alameda Street, Los Angeles, C.A. 乘公共汽车在Patsaouras Transit Plaza W.bound站下 213-625-3734 ★★★★

联邦车站就位于唐人街附近，如今是洛杉矶最重要的市内交通枢纽。从外观看，人们会以为自己来到了马德里，这座建筑为纯白色，四周棕榈树随风摇曳，显得既清爽而又新潮。走进车站，木质的天花板和白色拱门是这里最大的标志，映衬着脚下红色瓷砖镶嵌彩色大理石而成的地板，一股怀旧的韵味迎面而来。虽然这里每天都要迎来送往数百班次的火车，但是一切都是那么秩序井然，从容不迫。

02 小东京 逛

日裔人士的聚居区

TIPS

Los Angeles, C.A. 乘公共汽车在1st.& Los Angeles站下 ★★★★

位于洛杉矶市中心的小东京是整个南加州地区最大的日裔人士聚居区，在这里一切都充满了东瀛风情，无论是用日语书写的商店招牌还是时常出没的和服少女，都令这里显得与其他地方格格不入。每年夏天这里都会举办日本传统的“夏祭”，到时候这里就会有日本传统文化的各种表演，是喜欢日本文化的人们绝对不容错过的。

03 美籍日本人国家博物馆

介绍日本人在美国的奋斗历史

赏

TIPS

369 East 1st Street, Los Angeles, C.A. 乘地铁在Civic Center站出站 716-284-8897 12.5美元 ★★★

在美国，美籍日本人是一个很特殊的群体，他们伴随着土生土长的美国人一起经历了西部开拓、淘金潮、世界大战等多个历史时期，拥有无数恩怨情仇。这座美籍日本人国家博物馆就是反映他们在美国各个时期的发展史。博物馆的大门就是日本传统的神社大门造型，在博物馆里保存了很多照片、图片、艺术品等珍贵文物，还有不少当时留下来的影像资料，让人们能深刻地了解这一不为人知的历史。

TIPS

Los Angeles, C.A. 乘公共汽车在Broadway站下 213-680-0243 ★★★★★

04 唐人街

华人的聚居地洛杉矶

逛

洛杉矶的唐人街虽然不像旧金山中国城那么知名，也不如纽约的唐人街那么热闹，但是却拥有自己的特点。在洛杉矶唐人街里，各个地名都是取自中国国内，让人倍感亲切。在这里除了能了解到华人在洛杉矶的开拓史以外，购物和美食也是这里的主题。由于在唐人街内还居住了不少越南移民，因此在这里除了能吃到熟悉的中国菜外，还能吃到很多越南料理。

05 墨西哥村 逛

洛杉矶最早的外来移民聚居点之一

创始于1781年的墨西哥村是洛杉矶最早的外来移民聚居点之一，在这处不大的街区里聚集了20多座富含墨西哥风情的建筑物，还有讲述早期墨西哥移民奋斗历史的博物馆等。游人们在这里除了能享受到香辣刺激的墨西哥料理外，还能买到大草帽等墨西哥传统的工艺品，保证能满意而归。

TIPS

North Alameda Street, Los Angeles, C.A. 乘公共汽车在Patsaouras Transit Plaza W.bound站下 213-680-2381 ★★★★

06 洛杉矶市政厅 赏

洛杉矶的政治中心

洛杉矶市政厅位于洛杉矶的市中心，是这里的政治中心。这座建筑完工于1928年，共有32层，高138米，是当时洛杉矶最高的建筑。而且这座大楼做了特殊的加固处理，可以预防8级地震。市政厅的造型模仿了世界七大奇迹之一的摩索拉斯陵墓，将顶部建成方尖碑的式样。而大楼的27层则有一个观景台，从这里可以远眺著名的好莱坞。

TIPS

200 North Spring Street # 163, Los Angeles, C.A. 乘地铁在Civic Center Station站出站 213-485-2121 ★★★★

07 洛杉矶郡立美术馆

涵括整个人类艺术史的博物馆

TIPS

5905 Wilshire Blvd, Los Angeles, C.A. 乘公共汽车在Wilshire站下 323-857-6000 7美元 ★★★★★

洛杉矶郡立美术馆堪称美国西海岸最大的博物馆，这座建于1961年的博物馆珍藏着超过10万件各色藏品。其年代可以从远古时期一直到现在，几乎涵盖了人类整个艺术历史。而且这里的艺术品也是兼容并蓄，有拉丁美洲粗犷豪放的绘画，也有伊斯兰风格的绒毯、朝鲜的服饰文化和日本的庭院设计等，让人不必走遍世界就能看遍世界各地的艺术品。

08 加州大学洛杉矶分校哈默美术馆及文化中心

多功能美术馆

哈默美术馆位于加州大学洛杉矶分校内，是这里的艺术及文化中心。在这里可以看到美术馆创办者哈默所收藏的超过7500幅法国著名画家奥诺雷·杜米埃的作品，此外还有伦勃朗、提香等大师的名作。同时这里还收藏了很多加州大学洛杉矶分校的影像资料，包括电影、录音、胶片等，每年这里还会举办很多讲座，将这里的文化传播开去。

TIPS

100 Stein Platz, Los Angeles, C.A. 乘地铁在Westwood站出站 310-825-4361 4.5美元 ★★★★

09 现代美术馆

展现现代艺术的美

8687 Melrose Avenue # G102, Los Angeles, C.A. 乘地铁在Westwood站出站 310-657-0800 8美元 ★★★★

洛杉矶市内的现代美术馆主要致力于收集并保护1940年以后创作的各种艺术品。这座博物馆的外观有一种粗犷的美，它是用美国很常见的红褐色砂岩建成的，造型也融合了西方的几何学和东方的传统建筑元素。在美术馆的6个画廊内共收藏了5000多幅油画、摄影、雕刻和新媒体作品，是人们了解美国现代艺术的首选。

10 格里菲斯公园

由农场改建的公园

格里菲斯公园建立在一个古老的鸵鸟农场之上，如今是洛杉矶最大的城市公园，在公园里还有其建造者格里菲斯的铜像。在1600万平方米的面积里，包含了高尔夫球场、网球场、骑马道、天文台、动物园、游乐场等设施，还有希腊剧场和马里兰纪念喷泉这样的知名景点，成了洛杉矶人节假日旅游休闲的首选地区。

2800 Observator Rd., Los Angeles, C.A. 213-664-1181 ★★★★

希腊剧场

形似希腊神庙的露天剧场

位于格里菲斯公园内的希腊剧场是洛杉矶最大的露天剧场，它的外形就好像一座希腊神庙一般，因而得名。剧场周围有5700多个座位，虽然可以容纳的人员众多，但是一点也不用担心看不清场内的情况。在舞台两侧特地安装了大型的液晶屏幕，即使离得再远也可以看得一清二楚。

11 洛杉矶艺术博物馆 赏

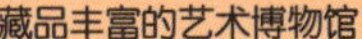

藏品丰富的艺术博物馆

洛杉矶艺术博物馆是美国西海岸地区藏品最丰富的一家博物馆，超过11万件藏品被分门别类地存放在五幢大楼之中。其中有大量的欧洲中世纪和文艺复兴时期的珍贵作品，尤其以法国浪漫派、印象派、野兽派和超现实主义派的画作最多。此外，这里还拥有不少来自亚洲各国的艺术珍品。来这里转上一圈，准能大开眼界。

TIPS

5905 Wilshire Blvd, Los Angeles, C.A. 乘公共汽车在Wilshire站下 323-857-6000 7美元 ★★★★

12 洛杉矶郡立自然历史博物馆 赏

展示地球46亿年的历史

洛杉矶郡立自然历史博物馆在美国各家自然史博物馆中首屈一指，在三层的展馆中将地球46亿年的历史分成一段段向人们展现出来。这里的生物和地质标本都专门分门别类地存放，很多都是在各个领域中相当罕见的。其中尤以恐龙展、哥伦布时期历史展和昆虫园的昆虫展最受欢迎。

TIPS

900 Exposition Boulevard, Los Angeles, C.A. 乘公共汽车在Exposition站下 213-763-3466 8美元 ★★★★

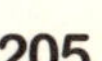

13 阿曼森剧场

优美华贵的剧场

娱

TIPS

135 North Grand Avenue, Los Angeles, C.A. 乘公共汽车在Temple站下 213-628-2772 ★★★★

阿曼森剧场是洛杉矶音乐中心的重要组成部分，它的造型呈一个白色的正方体，天花板上还带有精美的浮雕，显得那么高贵。场内的建筑材质也经过精心的挑选，能反映出极佳的音效。包括英格丽·褒曼在内的美国历史上最著名的艺术家都曾经在这里登台献艺，至今这里已经上演了数千部各种戏剧。

14 多萝西·钱德勒剧院

洛杉矶文化的传奇之地

娱

TIPS

135 North Grand Avenue, Los Angeles, C.A. 乘公共汽车在Hope Nb. & 1st Fs.站下 213-972-7211 ★★★★

多萝西·钱德勒剧院也位于洛杉矶音乐中心内，建成于1964年。以后每年这座剧院的建成纪念日，它都免费对人们开放，这一天后来也就演变成洛杉矶著名的音乐节。剧院的观众席共分作4层，一共可以容纳3197人。这里曾经作为奥斯卡奖的颁奖会场而见证了无数经典的诞生，是洛杉矶文化历史上的一个传奇。

15 斯台普斯球馆 娱

火爆的体育殿堂

斯台普斯球馆是洛杉矶最火爆的体育圣殿，这里不光是洛杉矶湖人队的主场，还是女子篮球洛杉矶火花队和职业冰球洛杉矶国王队的主场。每当不同的球队比赛时，球场的灯光都会切换成相对应的颜色。在球馆外，还矗立着几座曾经在这里获得无上荣誉的运动员的铜像，包括篮球巨星“魔术师”约翰逊、冰球巨星格雷茨基和拳击明星德拉·霍亚。这些巨星正代表了这座球馆伟大的历史，而且已经成为一个标志而融入了洛杉矶人的生活。

TIPS

1111 South Figueroa Street, Los Angeles, C.A. 乘地铁在Pico.站出站 213-742-7100 ★★★★★

16 道奇体育场 娱

世界级的知名球场

道奇体育场是美国棒球大联盟老牌劲旅洛杉矶道奇队的主场，可以容纳56000名观众。相对于大多数棒球场都采取不对称的造型，这里的场地却是完全对称的。同时，为了适应加利福尼亚温暖多雨的天气，这里的排水系统十分先进，因此在这座球场漫长的历史中，只有一次因为球场积水而中止比赛。基于这些原因，这里除了举办平时的职棒比赛外，还承办了很多国际级的大赛，是一座世界级的知名球场。

TIPS

1000 Elysian Park Ave., Los Angeles, C.A. 323-224-1500 ★★★★

17 加州科学中心 赏

大型综合科普场所

位于洛杉矶的加州科学中心是一个综合性的科普场所，也是美国西部最大的科学中心。这座展馆主要分为科学殿堂、生命世界、创造力世界、经验积累、穹幕电影厅等部分。尤其是里面一处叫做“人体工程”的展品，通过一个名叫Walt的小卡通人与一个名叫Tess的巨人的配合演示，向人们详细介绍人体内部的结构，还能告诉人们如何进行对身体的管理才能保持体内的平衡，既有趣味性又有实用性。

TIPS

700 Exposition Park Drive, Los Angeles, C.A. 乘公共汽车在Figueroa站下 323-724-3623 ★★★★

18 六旗魔术山 玩

让人感受天翻地覆的刺激感觉

TIPS

26101 Magic Mountain Parkway, Valencia, C.A. 661-255-4100 44.99美元 ★★★★★

六旗魔术山是隶属于六旗公园的一个部分，这里对于那些喜欢坐云霄飞车的人来说简直是一处天堂。在这里有数百座让人眼花缭乱的云霄飞车，其中最著名的就是一架被称作“巨物”的云霄飞车，从名字上就可以知道它有多么巨大。其中的轨道层层叠叠，弯弯绕绕，时速超过145千米的车体在里面来往穿梭旋转，非常刺激。如果有足够的胆量和信心，大可尝试一番。

19 长滩 玩

最适合步行的城市

TIPS

Long Beach, C.A.　乘公共汽车在Ocean站下

★★★★★

长滩是位于洛杉矶的一座城市，有人口40余万，被认为是很适合步行的城市。正如城市名称所描述的那样，这里有很长的海滩，沿岸分布着长堤太平洋水族馆、拉夫公园、黄金海岸海洋保护区、海岸公园、德福雷斯特公园等娱乐场所。每年这里都会拥满来度假的人群，海中冲浪板上下翻飞，风帆随风摇曳，人们在这里畅快地和大海亲密接触，享受无边的乐趣。

长堤太平洋水族馆

看巨大的海洋生物水箱

长堤太平洋水族馆是美国最著名的水族馆之一，这里共饲养了11000多只各类海洋动物。水族馆的造型好像大海中的风浪一般，这也是在长滩很常见的情景。进门就能看到一头1：1比例的蓝鲸模型，这也是这里的标志。同时，太平洋水族馆的水箱也大得惊人，其中一座水箱有三层楼高，里面有各种鱼类400多条，站在水箱前真有一种身处深海的感觉。

20 圣迭戈旧城区

逛

历史悠久的古老城区

圣迭戈旧城区是美国圣迭戈市的重要部分，这里见证了这座城市从西班牙殖民时期到墨西哥统治时期再到成为美国领土的过程。这里的大部分建筑还是旧式的小木屋，特殊建筑诸如学校、警察局、法院、教堂等都会标上特殊的标记，还设置有解说牌来解说它们的作用。此外在这里还有不少小商店，出售各种有纪念意义的商品。

TIPS

4002 Wallace Street, San Diego, C.A. 乘观光巴士蓝线即可到达 619-220-5422 ★★★★

看点 01 圣迭戈教堂

西班牙殖民时期所建教堂

圣迭戈教堂建于西班牙殖民时期，整座教堂规模很小，是用砂岩砌成的。白色的墙体在阳光下非常醒目。即使到了现在，这里也是当地人最终的宗教中心，每天这里都会敲响钟声，举行重要的宗教仪式。

看点 02 圣迭戈海洋世界

有激烈精彩的虎鲸表演

圣迭戈海洋世界位于教会湾公园中，共分为企鹅馆、鲨鱼馆、海牛馆、潮汐池、禁忌礁堡、岩岸保护区及天塔等。同时这里还会有激烈精彩的虎鲸表演，多台摄像机全方位追踪虎鲸的动向，让人们能获得最直接的感官刺激。

21 中途岛号航空母舰博物馆

体验繁复的航母生活

中途岛号航空母舰博物馆是美国现有的五座航母博物馆中最大的一座，以美国军史上赫赫有名的中途岛号航母为主体。这艘航母曾经是世界上最大的舰船，在长达50年的军旅生涯中立下无数功勋。船上几乎所有的部门都能对外开放，偌大的船舱很容易让人迷路，人们可以在这里体验到作为一个航母舰队的士兵是多么辛苦。

TIPS

910 North Harbor Drive, San Diego, C.A. 乘公共汽车在Broadway & N Harbor Dr.站下 619-544-9600 ★★★★★

22 圣巴巴拉 逛

上流社会的交际场所

TIPS

Santa Barbara, C.A. ★★★★

圣巴巴拉位于洛杉矶西北，由于所处的地理位置和气候都像极了欧洲地中海沿岸，因此这里也被人们称作“美国的地中海”。这里曾经是西班牙殖民者传播基督教的中心，至今还留下了不少当时的遗迹。同时这里还有诸如圣巴巴拉马球与交际俱乐部等上流社会休闲娱乐性的俱乐部，是豪门权贵、政经要人、社会名流交际的好地方。

23 加利福尼亚乐高乐园 玩

将想象力发挥到极致的公园

TIPS

1 Legoland Dr., Carlsbad, C.A. 760-918-5346

39.95美元 ★★★★

加利福尼亚乐高乐园是美国最有特色的一座公园，充满了各种奇思妙想。这里主要有开场区、恐龙岛、得宝区、绿村、趣味镇、山城堡、迷你美国、海盗海岸、想象区以及冒险土地等部分，里面的设施绝大部分都是用乐高积木搭成的，包括积木做成的城堡、埃菲尔铁塔、白宫、泰姬陵等。此外人们还能在这里自己用积木组成各种作品，充分发挥自己的想象力，创造出只属于自己的空间。

24 卡特琳娜岛

受人们青睐的自然公园

TIPS

Green Pleasure Pier, Avalon, C.A. 从长堤码头乘坐游船前往即可到达 310-510-1520 ★★★★

卡特琳娜岛是加州沿海星罗棋布一般的岛屿群中最为耀眼的一处。这儿曾经是一处海盗横行的港湾，现在则是最受人们青睐的自然公园。这座岛整体好像一弯新月，岛上唯一的城市阿瓦隆就位于岛的正中，这里拥有大片洁白的海滩，在蔚蓝的海水映衬下显得好像画中世界一般。此外，岛上的生态环境也保护得很好，还能看到罕见的美洲野牛等动物。而到了夏天，成群的飞鱼会时不时地跃出水面，堪称奇观。

25 曼哈顿海滩 玩

难得的冲浪胜地

曼哈顿海滩位于洛杉矶西南，这里濒临大海，拥有大片金黄色的海滩，沙滩旁各种热带植物茂密地生长着，环境极好。所以这里颇受上流社会人士的喜爱，使得这里的房价一路飙升，真有点曼哈顿的意思。除此之外，这里风高浪急，是难得的冲浪胜地，可以看到很多高人胆大地踩着冲浪板在海里和巨浪拼搏，连自己也不禁跃跃欲试了。

TIPS

Manhattan Beach, C.A. 乘公共汽车在Highland站下

★★★★

26 威尼斯海滩 玩

拥有丰富活动的海滩

威尼斯海滩曾经是一片荒芜的海边荒滩，但是自从建成各种酒吧、赌场横行的花花世界后，各种社会问题丛生，给当地人带来很大的困扰。直到20世纪60年代，这里经过一系列的整改后重新焕发了生机。如今这里随处可见各种路边艺人在向人们展示他们的才华，人们还能去街头篮球场、沙滩排球场、滑板运动场运动一下，或是冲进大海和巨浪搏斗。每年这里要接待超过千万的游客，热闹非凡。

TIPS

Ocean Avenue, Santa Monica, C.A. 乘公共汽车在Seaside Terrace Wb站下 ★★★★

27 圣莫尼卡

距离好莱坞很近的度假区

圣莫尼卡距离好莱坞很近，这里包含一个码头和一片沙滩，早在1908年这里就建起了公园，成为一个度假胜地。而到了20世纪20年代，这里逐渐又兴建起水族馆、商店、酒吧和餐馆等，人气越来越高。如今这里还设有垂钓场、自行车道、排球场、轮滑场等设施，人们可以纵情玩耍，不知不觉就会消磨掉自己的假期。

TIPS

Santa Monica, C.A. 乘公共汽车在Seaside Terrace Wb站下 ★★★★

28 航空博物馆

展示人类飞天的梦想

TIPS

2772 Donald Douglas Loop, Santa Monica, C.A. 乘公共汽车BB8、14路即可到达 310-392-8822 7美元 ★★★★

航空博物馆位于圣莫尼卡，这里原本是一处老式的私人飞机博物馆。这里的藏品涵括了莱特兄弟发明飞机前各种稀奇古怪的飞行器及现代化的飞机模型，其中还有T-33等型号飞机的模拟座舱，人们可以在这里体验亲自驾驶这些飞机的感受。而且每到一些有纪念意义的日子，这里都会举行专题展览，如阿波罗登月等，还会请当事人现身说法，十分吸引人。

29 棕榈泉 玩

沙漠中的绿洲

棕榈泉是位于科拉奇山谷沙漠中的一片绿洲，“二战”期间曾经作为美军的军营使用过。战后，这里作为一处度假区迅速发展了起来，到现在已经是拥有80多片高尔夫球场、600 个网球场的规模，还是美国人均拥有游泳池最多的地方。除了这些娱乐设施外，在这里还能看到树龄在2000年左右的古老棕榈树以及古老的矿温泉等。

TIPS

Palm Springs, C.A. 760-325-1391 20.8美元 ★★★★

30 大熊湖 玩

四季风光不同的度假胜地

大熊湖位于加利福尼亚南部，是北美黑熊的主要栖息地之一，并因此而得名。除了黑熊外，这里还有狼、浣熊、秃鹰、狼獾、臭鼬、美洲狮等野生动物。同时这里作为一个度假地也十分有名，拥有青山绿水、温泉森林，环境极佳。特别是在冬天，这里会积起厚厚的大雪，到时候各种雪上活动就会蓬勃兴起，能让人玩得尽兴。

TIPS

Big Bear Lake, C.A. 909-866-4607 ★★★★

31 新港海滩 玩

加州最豪华的社区

新港海滩所在的新港市是整个加利福尼亚最富裕的地方，在这里到处都是豪华的住宅，高级的名车，观览车、摩天轮等常见的娱乐设施更是不必说。新港海滩是这里的人们欢度周末和假期的主要地点，海滩上除了常见的沙滩活动项目外，还能租用帆船、游船和皮划艇等，可深入大海中游览一番。不管是谁都能在这里找到适合自己的娱乐方式，一点也不会觉得寂寞。

Newport Beach, C.A. 乘公共汽车在Newport-Short站下 ★★★★

32 拉古纳海滩 玩

美丽的艺术家社区

TIPS

Laguna Beach, C.A. 949-497-9229 ★★★★

拉古纳海滩位于南加利福尼亚州的奥兰治县，虽然名为海滩，但是那美丽的沙滩风光并非这里的唯一卖点。各方游客喜欢这里是因为这座小镇那浓郁的艺术气息。自20世纪20年代起，这里就成了各方风景画艺术家们的天堂，在这里随处都能见到各种画廊和使用绘画作装饰的商店与餐馆，大街两侧也有很多街头画家为人们作画。同时这里每年都会进行艺术展览，让人们了解这里的艺术发展。

33 迪士尼主题乐园度假区 玩

充满童趣的主题乐园

迪士尼主题乐园度假区建于加州迪士尼乐园的基础上，后来随着这里规模的不断扩大，配套设施也逐渐建设起来，2001年正式改名为迪士尼主题乐园度假区。这里除了完全保留过去老迪士尼乐园的各种设施外，还新增了很多项目，如小熊维尼的冒险旅行、巴斯光年的星际喷射、加勒比海盗冒险等，就是这样的与时俱进才使得这里长盛不衰，吸引了越来越多的游客。

TIPS

1313 S Disneyland Dr.，Anaheim, C.A. 乘MTA460路公共汽车即可到达 714-781-4000 47美元 ★★★★★

34 诺氏百乐坊 玩

反映美国拓荒时期风情的主题乐园

诺氏百乐坊原来是一座家庭农场，这里的所有建筑和装饰都还原自美国过去淘金潮和西部拓荒时期，让人好像一下子就回到了那个充满梦想和勇气的时代。此外，在这里还有一个不得不提的人物，那就是机灵可爱的史努比。在诺氏百乐坊里随处都能看到史努比的形象，商店里也出售各种有关它的周边商品，令小朋友们爱不释手。

TIPS

8039 Beach Blvd, Buena Park, C.A. 乘公共汽车在Beach-Crescent站下 714-220-5200 42美元 ★★★★

35 诺顿·西蒙美术馆 赏

造型充满艺术感的美术馆

诺顿·西蒙美术馆是帕萨迪纳市最著名的美术馆，这家美术馆本身就是屈指可数的艺术品，流线形的造型，褐色玻璃瓦覆盖的外墙散发出沉静的光泽，各种花木遍布在馆体四周，一切都显得那么富有艺术感。走进美术馆，无论是罗丹的名作《思想者》，还是莫奈、马奈、毕加索等人的绘画，都让人赞叹不已。还有一些来自印度等地的佛像、雕塑等，更让人感受到一种来自异国的情调。

TIPS

411 West Colorado Boulevard, Pasadena, C.A. 乘公共汽车在Colorado站下 626-449-6840 6美元 ★★★★

36 帕萨迪纳旧城区 逛

拥有很多名人故居的社区

TIPS

Pasadena, C.A. 乘轻轨在Memorial Park Station站下 626-795-9311 ★★★★

帕萨迪纳旧城区曾经是美国最繁荣的社区之一，不过随着经济大萧条，这里逐渐破败下去，一度成为人迹罕至的“鬼城”，直到20世纪80年代才逐渐恢复元气。如今在这里虽然已经看不到早期的繁华景象，但是爱因斯坦、巴顿将军等美国历史上知名人物的故居却为这里增色不少。同时这儿很多建筑都颇具历史价值，在这里参观可以满足很多人的怀旧情愫。

37 祖马海滩 玩

体验各种有趣刺激的水上活动

祖马海滩是洛杉矶最大的海滩，也被人戏称为“百万富翁海滩”。这里海域宽广，水质优良，很适合游泳和冲浪。但是因为风急浪大，所以在海滩周围也设置了完备的救生系统。人们在这里可以享受到冲浪、风帆滑水、人体滑浪以及悬崖跳水等有趣刺激的活动，还能在沙滩上享用美味的沙滩小吃，可谓无上的享受。

TIPS

Ocean Avenue, Santa Monica, C.A. 乘公共汽车在Appian Sb. & Pico. Ns.站下 ★★★★

AMERICA GUIDE

America

畅游美国

15

好莱坞

作为美国电影娱乐的标志之一，好莱坞已经成为美国电影的代名词，在这里几乎随时随地都可以看到众多电影明星。

01 好莱坞大字 赏

好莱坞的象征

TIPS

North Highland Avenue, Hollywood, Los Angeles, C.A.

乘公共汽车在Highland站下 ★★★★★

位于好莱坞山顶处的HOLLYWOOD大写英文字母已经成为这个影视圣地的象征，也是这个城市的标志性景点。这些大字已经拥有80多年的历史，虽然几经更换维修，但整体风格并没有变化。好莱坞大字的每个字母都是高15米、宽9米，会经常出现在各种影视作品中，这些字母还安装了灯泡，即使在黑夜仍能被人们看到。

02 比弗利山庄 逛

亿万财富的集中地

比弗利山庄是洛杉矶的一个城中城，这里因为居住的富豪众多，因而成了财富与权势的象征。这里豪宅众多，每一栋都有着自己的特色，令人眼花缭乱，叹为观止。市中心还有很多顶级的服饰与奢侈品专卖店，是人们享受购物乐趣的地方。

TIPS

Beverly Hills, C.A. 310-248-1015 ★★★★★

03 好莱坞高地广场 逛

好莱坞最著名的广场

好莱坞高地广场位于好莱坞的中心区域，是一个集旅游、休闲、娱乐、餐饮等多功能于一体的景区。这座建筑气势宏伟，各种设施应有尽有，游人们可以在这里品尝世界各地的风味美食，购买到各种与好莱坞经典影视作品相关的纪念品。如果运气好的话还能看到大牌影星从这里经过，当然那些身着著名电影角色服装的工作人员也是人们争相合影的对象。

TIPS

North Highland Avenue, Hollywood, Los Angeles, C.A.
乘公共汽车在Highland站下 323-9937700 ★★★★★

好莱坞露天音乐台

好莱坞著名的露天剧场

好莱坞露天音乐台是一个历史悠久的露天剧场，也是好莱坞最具影响力的剧场之一，曾有无数重大演出在此举行，其中就有大名鼎鼎的甲壳虫乐队。

04 星光大道 逛

娱乐圈最负盛名的地方

星光大道是一条看似普通的道路，但却是全球娱乐界最具盛名的地方。这条星光大道上留下了来自电影、电视、唱片、戏剧、广播这五个方面杰出人物的名字，他们中既有大名鼎鼎的影视巨星，也有导演等幕后工作人员，甚至还有米老鼠这样的虚拟人物。每位获奖者都会获得一块星形奖章，它会被镶嵌在星光大道上的石块中。

TIPS

Hollywood Boulevard, Los Angeles, C.A. 乘地铁在Highland站出站 ★★★★★

05 中国剧院 娱

具有东方风格的剧院

TIPS

6925 Hollywood Boulevard, C.A. 乘地铁在Highland站出站 323-4646266 ★★★★★

中国剧院修建于20世纪20年代，它拥有浓郁的中国风情，是好莱坞最著名的剧院之一。这个剧院采用了中国传统的寺庙建筑风格，尖顶斗拱，门口还有巨大的石狮，雕梁画栋处极为精美。中国剧院的内部装饰也很有中国特色，盆景、假山等景致应有尽有，能够让来到这里的中国游客感觉如同回到了国内的老剧院一般。

06 好莱坞娱乐博物馆 赏

介绍好莱坞历史的博物馆

好莱坞娱乐博物馆是一个全面展示好莱坞非凡历史的博物馆，来到这里的人们可以了解到好莱坞影视业的发展历程。这个展馆主要分为三个区域，东馆是介绍一部电影从计划到拍摄的全过程，许多环节都是不为普通观众所知的。中馆则展示了20世纪40年代的好莱坞风情，以及那个时代的众多经典黑白片作品。

TIPS

1 7021 Hollywood Boulevard, Los Angeles, C.A. 乘地铁在Hollywood & Highland站出站 323-4657900 8.75美元 ★★★★★

07 好莱坞蜡像馆 赏

极具魅力的蜡像馆

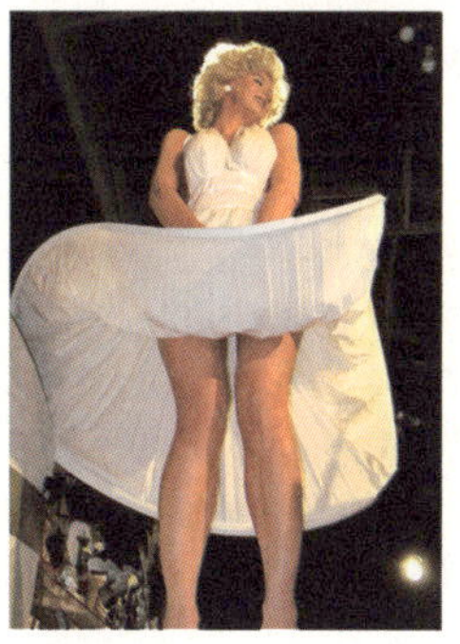

这座蜡像馆保存了好莱坞不同时期的众多明星形象，有趣的是大部分明星蜡像都会根据其本人所演的经典角色和时代潮流而进行设计。来到这里的游人们还能看到许多知名影片中的经典场景，尤其是那些令人毛骨悚然的怪物形象和恐怖场景，更是让人难以忘记。

TIPS

6767 Hollywood Boulevard, Los Angeles, C.A. 乘地铁在Hollywood & Highland站出站 323-4625991 8.95美元 ★★★★★

08 好莱坞吉尼斯世界纪录博物馆 赏

记录各种有趣纪录的博物馆

TIPS

6764 Hollywood Boulevard, Los Angeles, C.A. 乘地铁在Hollywood & Highland站出站 323-4636433 10.95美元 ★★★★★

好莱坞吉尼斯世界纪录博物馆是记录各种有趣纪录的博物馆，还有许多珍贵的藏品。来到这个展馆的人们可以看到许多充满趣味的世界之最的展品，例如世界最高的人的蜡像、减肥重量最多的人的腰围变化，游客们在此还能查询各种世界纪录的变化情况。

09 信不信由你奇趣馆 

收集各种奇妙物品的展馆

TIPS

6780 Hollywood Boulevard, Los Angeles, C.A. 乘地铁在Hollywood & Highland站出站 323-4666335 9.95美元 ★★★★

信不信由你奇趣馆是收集各种看似匪夷所思的物品的地方，各种奇闻怪事和稀奇照片应有尽有。来到这里的游客们可以看到令人感到不可思议的奇闻照片，也有令人咋舌的奇异动植物标本和蜡像。奇趣馆里还有专门的情景模拟区，能够使人体验到那光怪陆离的感觉。

10 日落大道 逛

好莱坞最具魅力的夜晚娱乐区

Sunset Boulevard, Los Angeles, C.A. 乘地铁在Vermont站出站 ★★★★★

日落大道是连接好莱坞与洛杉矶的一条主要干线，道路两侧居住着许多好莱坞明星，更有西木区、回声公园、好莱坞、比弗利山等著名景区。这条道路还是好莱坞著名的夜生活街，舞厅、酒吧和各种娱乐场所是应有尽有。来到这里的游客们可以享受灯红酒绿的奢靡生活，有时候还能见到平常只能在电影电视中才能看见的明星。

11 比弗利中心 买

美国著名的购物中心

比弗利中心虽然不大，但却云集了180多家各种专卖店，是人们选购各种顶级物品和引领时尚潮流的好地方。来到这里的人们除了能购买衣服鞋袜和各种奢华饰品外，还能到各种风味餐厅品尝不同菜系的美味佳肴。

Beverly Hills, C.A. 乘地铁在Hollywood & Highland站出站 323-4625991 ★★★★★

12 罗伯逊大道 逛

星光四射的街道

罗伯逊大道是因为经常有好莱坞明星出现而出名的，许多忠实的影迷都常在这里守候，希望能获得明星签名或者与之合影留念。这里也是游客购物用餐的好地方，街道两旁各种顶级品牌店应有尽有，不同的餐厅也有着自己的独到之处。

13 好莱坞环球影城 玩

洛杉矶的知名景点

好莱坞环球影城是一个极具特色的主题公园，它再现了诸多经典影片的场景，深受广大游客的欢迎。史瑞克4D影院是一个极具震撼魅力的景点，能够将游客带入梦幻般的影视世界中。这里既有浩瀚的太空之旅，也有紧张刺激的侏罗纪公园之行，未来水世界和回到未来都是各有特色的游乐区。

TIPS

Robertson Blvd. ★★★★★

AMERICA GUIDE

旧金山

位于美国西海岸的旧金山又被称为圣弗朗西斯科或三藩市，是美国最前卫、开放、自由、无拘无束的城市。

01 金门大桥 

旧金山的奇迹大桥

金门大桥位于金门海峡之上，始建于1933年，耗时4年完工，是世界少有的单孔长跨距大桥之一，跨度1200余米，距海面80米，其壮观和技术水平可谓当时的奇迹。桥身通体红色，如长虹一般横亘海峡之上，大桥南北两侧还有高300多米的巨型钢塔，用来牵引桥身，以保证大桥的安全和畅通。在大桥一侧还有设计者施特劳斯的半身铜像以表纪念。

TIPS

Golden Gate Bridge Plz., San Francisco, C.A. 乘公共汽车在Golden Gate Bridge Hwy. & Trans.站下 415-923-2000 3美元 ★★★★★

02 金门公园 

世界最大的人工公园

位于旧金山湾区的金门公园曾经是一片荒野，1871年人们在这里植树并开辟成公园，是旧金山最著名的一块绿地，也是世界上最大的人工公园，横跨了旧金山53条街。金门公园风景宜人，空气清新，还设有高尔夫球场、网球场、博物馆、美术馆等许多设施，是旧金山人休闲娱乐的好去处。

TIPS

Golden Gate Park, San Francisco, C.A. 乘公共汽车在Lincoln Way & 25th Ave.站下 415-831-2700 ★★★★★

看点01 MH德扬美术馆

金门公园最受欢迎的纪念馆

金门公园内的MH德扬美术馆是公园里最受欢迎的三座博物馆之一，以著名记者德扬的名字命名，建于1919年。美术馆里收集了世界各地的许多艺术珍品，最大的亮点就在于它还设有专为美国艺术准备的展室，这个展室除了美学价值外还富含社会意义，美国近代百余年的艺术风格在这里得到了充分的体现。

看点02 日本茶道庭园

原汁原味的日本风格

日本茶道庭园本来是1894年加州国际博览会的一部分，会后被作为景点留存至今。这里的建筑和陈设是原汁原味的日本风格，材料都是从日本空运而来，吸引了很多爱好东方文化的游客前来观光和体验。

看点03 加州科学学院

全世界最大的自然历史博物馆

加州科学学院是世界上最大的自然历史博物馆，坐落于风光优美的金门公园内，也是金门公园里历史最悠久的博物馆，建于1853年，1989年地震后又于2008年重修。博物馆的屋顶花园上种植了各种绿色植物，馆内陈列了各种生物的标本和化石。游客还可以现场参观科学研究的全过程。

03 林肯公园

旧金山最著名的高尔夫球场

TIPS

34th Avenue, San Francisco, C.A.

乘公共汽车在Legion of Honor站下

415-221-9911 ★★★★

旧金山半岛西北角的林肯公园是1909年为了纪念亚伯拉罕·林肯总统而修建的。现在这里已经从最开始的公墓变成了旧金山最著名的高尔夫球场，除了高尔夫球场，这里的雕塑艺术也算得上是精品，深受旧金山人欢迎。

04 加利福尼亚荣誉军团宫

欧洲艺术的殿堂

TIPS

100 34th Avenue, San Francisco, C.A. 乘公共汽车在Legion of Honor站下 415-750-3677 12美元 ★★★★

加利福尼亚荣誉军团宫是为了鼓励法国艺术家在美国的艺术成就和发展而建造的，建筑整体仿造法国的荣誉军团宫，里面收藏了从公元前2500年到现在的3000多件艺术品，包括鲁本斯、伦勃朗、莫奈、塞尚等人的画作，这里的欧式风格还深受恋人们欢迎，是旧金山举行婚礼的主要场所之一。

05 艺术宫

优美的休闲公园

TIPS

The Palace of Fine Art, San Francisco, C.A. 乘公共汽车在Broderick St. & Beach St.站下 415-563-6504 ★★★★

旧金山滨海区的艺术宫是1915年为了举行巴拿马太平洋万国博览会而建的，建筑风格仿古罗马，圆顶大厅、拱门、石柱、人工湖构成了优美的主体建筑，后来经过重修和灯光装饰，让这里在夜间更加优雅动人，可谓旧金山最美的景点之一，是旧金山人假日休闲的好去处。

06 阿拉莫广场 玩

明信片风光集萃地

阿拉莫广场横跨旧金山数个街区，是旧金山历史最悠久的公园之一，也包含了最多的维多利亚式建筑。这里地势高、视野开阔，是欣赏建筑最好的地方，红墙、白瓦的英式建筑和远处金融区的摩天大楼相映成趣，是明信片最喜欢选取的风光之一。

TIPS

Alamo Square, San Francisco, C.A. 乘公共汽车在Hayes St. & Pierce St.站下 ★★★★

07 旧金山联合广场

旧金山的城市中心

旧金山联合广场是旧金山的交通枢纽和中心。这座广场面积不大，建造于1850年，广场中央圆柱上的胜利女神雕像是为纪念杜威海军上将而建的，广场周围有圣法兰西大酒店等许多著名建筑，可以说是旧金山地标之一。

Post Street, San Francisco, C.A. 乘公共汽车在Powell St. & Post St.站下 ★★★★★

08 旧金山金融区

旧金山的金融中心

旧金山金融区从西班牙殖民时代起就是著名的商业结算中心，这里随着淘金热迅速发展，拥有雄厚的经济实力，即使是大地震之后也能迅速重建。现在这里还保留着旧太平洋股票交易所等很具历史意义的古迹，以及许多知名企业、银行、金融公司、购物中心和高档酒店。

TIPS

Financial District, San Francisco, C.A. 乘公共汽车在Washington St. & Sansome St. 站下 ★★★★

09 联合街 逛

优雅的欧陆风情

联合街是旧金山欧洲风情最浓郁的地方之一，沿街都是欧式的小餐厅和咖啡馆，是当地居民最喜欢的地方。现在这里还留有一座当年的维多利亚八角屋。晴天午后在联合街游览、休息，是旧金山人生活的一大享受。

TIPS

Union Street, San Francisco, C.A. 乘缆车在 Union St. & Hyde St.站下 ★★★★★

10 旧金山中国城 逛

美国西部最大的华人聚居地

旧金山中国城是美国西部最大的一处华人聚居地，现在有8万多华侨居住在此。这里的建筑风格和居民生活习惯等都和中国一模一样，中国游客到这里就会有回家的亲切感，各种中餐馆、牌坊等体现了丰富多彩的中国文化，让世界各地的人们为之着迷。

TIPS

Chinatown, San Francisco, C.A. 乘公共汽车在Pacific Avenue & Stockton Street 站下 ★★★★★

11 渔人码头

旧金山标志性景点

渔人码头一开始只是一个普通的捕鱼码头，100多年前就居住着许多渔民，经过多年的发展，现在已经成为独具特色的休闲、娱乐中心。这里有着旧金山海洋国家历史公园、卡内利购物中心、吉拉德里广场、机械博物馆和渔人码头蜡像馆等著名景点，还能吃到很多地道新鲜的海鲜。

TIPS

Fisherman’s Wharf, San Francisco, C.A. 乘轻轨在Jones St. & Beach St.站下 ★★★★★

12 北滩

意大利人聚居地

渔人码头旁边的北滩是意大利人在旧金山的主要聚居地，因此素有小意大利之称。这里街上遍布意大利风格的咖啡馆和餐厅，每天午后到深夜，是这里最热闹的时段，可以在千里之外享受到浓郁的意大利风情。

TIPS

North Beach, San Francisco, C.A. 乘轻轨在Powell St. & Filbert St.站下 ★★★★

13 俄罗斯山

蜿蜒曲折的九曲花径

俄罗斯山位于旧金山西北部，淘金热时代，淘金者在山上发现了俄罗斯船员的墓地，俄罗斯山因此得名。从19世纪开始，这里就是许多艺术家居住的地方。山顶的隆巴德街蜿蜒曲折，两旁都是高级住宅区，景色优美，也是旅游明信片和摄影家最喜欢的景点之一。

TIPS

Russian Hill, San Francisco, C.A. 乘公共汽车在Hyde St. & Greenwich St.站下 ★★★

14 诺布山

旧金山最高峰

诺布山是旧金山的最高峰，也是市内最豪华的地段之一。从1878年开始，有许多富豪在这个山丘上建造自己的豪宅，1906年大地震后，这里出现了许多高级旅馆、教堂和高级住宅区，依然保持着华贵优雅的风格。

TIPS

Nob Hill, San Francisco, C.A. 乘缆车在Powell St. & California St.站下 ★★★★

15 格雷斯大教堂 赏

诺布山上的圣公会大教堂

TIPS

1100 California Street, San Francisco, C.A. 乘缆车在California St. & Taylor St.站下 ☎415-749-6300 ★★★★

诺布山上的格雷斯大教堂是山上最著名的景点之一，始建于1849年，1906年地震后于1964年重建，是美国第三座圣公会大教堂。造型仿照法国诺特达姆大圣堂，风格高贵而典雅，内部陈设精美宏大，既是宗教中心也是艺术瑰宝。

16 泛美金字塔 赏

旧金山最高大楼

泛美金字塔是旧金山最高的大楼，全楼共48层，高260米，坐落在蒙哥马利区，完工于1972年，目前是世界上排名第100位的高层建筑。由于泛美公司曾把总部设在这里而得名，建筑风格是充满后现代风格的金字塔造型，是旧金山最明显的地标性建筑之一。

TIPS

600 Montgomery St., San Francisco, C.A. 乘公共汽车在Washington St. & Sansome St. 站下

★★★★★

17 威尔斯法哥历史博物馆 赏

最早的威尔斯法哥银行总部

威尔斯法哥历史博物馆位于蒙哥马利街，本来是最早的威尔斯法哥银行总部，现在作为历史博物馆，里面陈列了百年历史的许多文物，如大型马车、金块、钱币、保险箱、艺术品等，是了解淘金热时期美国历史的最好去处，具有很高的历史和艺术价值。

TIPS

420 Montgomery St., San Francisco, C.A. 乘缆车在California St. & Montgomery St. 站下 415-396-2619 ★★★★

18 旧金山市政厅 赏

气势恢弘的大市政厅

旧金山市政厅建于1915年，仿造华盛顿的国会议事堂而建，巨大的巴洛克圆顶是它的标志，整体风格宏伟大气，集古典和现代艺术风格于一身。市政厅门口的青铜像是这里最著名的标志。现在这里已经成了旧金山的标志之一，被称为“美国西岸白宫”。

TIPS

400 Van Ness Ave., San Francisco, C.A. 乘地铁在Civic Center站出站 415-554-4000 ★★★★

19 戴维斯交响音乐厅 娱

旧金山交响乐团驻地

TIPS

201 Van Ness, San Francisco, C.A. 乘轻轨在Market St. & South Van Ness Ave.站下 ☎415-864-6000 ★★★★

戴维斯交响音乐厅是旧金山交响乐团的驻地，位于旧金山市政厅旁边，是旧金山战争纪念及表演艺术中心的一部分。建筑外侧装了大量的玻璃幕墙，内部结构遵循声学原理，使音乐效果格外出众。这里常年都有著名的乐团和音乐家举行演出，是旧金山文化生活的重要组成部分。

20 旧金山现代艺术博物馆 赏

现代艺术的博物馆

旧金山现代艺术博物馆始建于1935年，是美国第二大收藏现代艺术的博物馆。建筑外墙呈砖红色，最显眼的是圆柱形的黑白条纹天窗，独特的建筑风格让它在周围的建筑中格外显眼。馆内藏有包括马蒂斯、安迪·沃霍尔在内的许多20世纪最具代表性的西方艺术家的作品。

TIPS

151 3rd Street, San Francisco, C.A. 乘公共汽车在3rd St. & Stevenson St.站下 ☎415-357-4000 10美元 ★★★★

21 旧金山教会区 逛

老建筑集中地

旧金山教会区是旧金山老建筑最集中的地方，1776年开始就有西班牙人在此建造建筑，就是现在的多洛雷斯传教所和教堂，经地震后重建成为旧金山的著名地标。附近还有许多后来建造的老建筑，置身其中人们能感受到数百年来旧金山的历史变迁。

TIPS

Mission, San Francisco, C.A. 乘地铁在24th St. Mission站出站 ★★★

22 恶魔岛 赏

曾是美国最著名的监狱所在地

Alcatraz, San Francisco, C.A. 在渔人码头41号码头乘游船在恶魔岛下 415-705-5555 13.25美元 ★★★★★

恶魔岛是旧金山湾内的一个小岛，面积只有0.0763平方千米，四面峭壁环绕、交通不便。这里出名是因为它曾是美国最著名的监狱所在地，关押过许多著名的重刑犯，1963年废止后被改造成观光景点。现在这里的牢房、食堂等还保留着当年的样子，岛上的军事要塞和灯塔也是当年遗留下来的建筑景点。

23 电报山 玩

安静的自然风景区

电报山毗邻旧金山市，1853年旧金山市政府在山上架设了电报发射塔，电报山因此而得名。与旁边热闹的北滩不同，电报山风光优美而安静。山上的科伊特塔是旧金山的一个制高点，塔内展有许多描述19世纪生活的油画，塔前还有哥伦布的青铜像，登塔眺望，可以尽览旧金山美景。

San Francisco, C.A. 乘轻轨在Coit Tower站下

★★★★

24 双子峰 赏

旧金山第二高峰

双子峰海拔281米，是旧金山这个沿海城市的第二高峰，也是旧金山境内唯一保留的天然山丘，由于拥有两座山峰而得名。登山眺望，可以欣赏到旧金山城的全貌，金门大桥、奥克兰、魔鬼山、伯克利大学等景点都不会错过，山上还有一处自然保护区，里面生活着许多珍稀的鸟类和昆虫。

401 Castro St., San Francisco, C.A. 乘公共汽车在PORTOLA DR/McAteer High School站下

415-391-2000 ★★★★

25 奥克兰

风景优美的海滨城市

奥克兰地处旧金山湾中心，和旧金山隔海相望，因为曾经拥有美丽的橡树林而得名。奥克兰依山靠海、风光优美、气候宜人，是旧金山地区著名的浪漫之城。这里最著名的景点要数具有潮汐现象的咸水湖——梅特里湖，还有大型的儿童乐园、游乐场、玫瑰园等，都是吸引各地游客的绝佳胜地。

TIPS

Oakland, C.A. 乘轻轨在Oakland City站下 ★★★★★

26 史努比博物馆 赏

史努比之家

小狗史努比是世界著名的漫画形象，为了纪念它的作者，人们修建了查尔斯·舒尔茨博物馆，也叫史努比博物馆。馆内展有各种《花生》漫画中的人物形象和作品，可以说是美国漫画的一个研究中心，也是全世界喜爱史努比的人们向往的地方。

TIPS

2301 Hardies Lane, Santa Rosa, C.A. 乘公共汽车在West Steele Ln. @ Heidi Pl.站下 707-579-4452 ★★★★

27 硅谷 逛

高新技术的摇篮

硅谷最早是美国海军的研发基地，战后开始逐渐成为微电子技术的研发中心。现在这里以附近一些一流大学如斯坦福大学、加州大学伯克利分校等为依托，以高新技术的中小公司群为基础，并拥有思科、英特尔、惠普、苹果等大公司，成了融创新、研究、生产为一体的高新技术摇篮。

TIPS

Silicon Valley, Santa Rosa, C.A. 乘火车在San Jose Diridon站下车后换乘Dash公共汽车在硅谷站下 800-726-5673 ★★★★★

28 加州铁路博物馆 赏

回顾淘金热时期的铁路发展

加州铁路博物馆位于萨克拉门托市，建筑并不算显眼，但是里面陈列了众多有关铁路的历史文物，包括21款精心复制的火车头和车厢，还有实物模型、蜡像以及图片等40多种展品。游客可以体验淘金热时期铁路的飞速发展。

TIPS

111 I St., Sacramento, C.A. 乘轻轨在H St. & 5th St.(WB)站下 916-445-6645 4美元 ★★★★

29 斯坦福大学

世界杰出的大学

斯坦福大学是世界最知名的大学之一，也是美国第二大大学，始建于1885年。现在这里拥有图书馆、实验室、体育馆、高尔夫球场、游泳池等重要设施，面向全世界招收精英学子。多年来英才辈出，现在还活跃在世界的各个领域中。

TIPS

Stanford University, Menlo Park, C.A. 乘公共汽车在Serra Mall @ The Main Quad站下 650-723-2560 ★★★★

30 加州大学伯克利分校 赏

历史悠久的大学

加州大学伯克利分校是加利福尼亚大学最重要的一个分校，1873年迁到伯克利市。伯克利分校悠久的历史和高端的学术成果让这里成为世界名校，这里曾经出过65位诺贝尔奖得主、9名图灵奖得主，被誉为“美国社会不朽的学术脊梁”。

140 University Hall, Berkeley, C.A. 乘轻轨在Berkeley站下 510-642-1141 ★★★★

31 蒙特雷海湾水族馆 

美国西部最大的水族馆之一

位于加利福尼亚州的蒙特雷市罐头工厂大道上的蒙特雷海湾水族馆是美国西部最大的水族馆之一，拥有6500多种超过30万头的各种海洋生物。与其他水族馆不同，它把浩瀚的太平洋也作为水族馆的一部分，游客可以和各种海洋生物近距离接触，是一个科研、教育、娱乐俱全的现代化水族馆。

TIPS

886 Cannery Row, Monterey, C.A. 乘公共汽车在Wave / David站下 831-648-4888 ★★★★

32 罐头工厂大道 

海滨观光胜地

罐头工厂大道上曾经有许多沙丁鱼罐头工厂，并因此而得名，后来成了一条著名的滨海观光旅游大道。现在大道两侧许多餐厅的酒吧都是由当年的工厂改建而成，有一些别致的怀旧氛围，附近最受欢迎的旅游景点有蒙特雷海湾水族馆和卡洛斯海滩等。

TIPS

Cannery Row, Monterey, C.A. 乘公共汽车在Cannery Row/Hoffman站下 ★★★

33 太浩湖 玩

北加州最大的度假区

太浩湖位于加州与内华达州之间，是一个海拔1897米的高山湖泊。这里冬季降雪量很大，成为美国著名的滑雪胜地，在夏季则是绝佳的避暑地。太浩湖澄清碧蓝，周围数十个湖泊也是著名的度假地，每逢周末都可看到许多加州人开着车来这里旅游度假。

TIPS

Lake Tahoe, C.A. 从旧金山乘灰狗巴士在太浩湖站下
★★★★

34 死谷国家公园 玩

美丽的冰川峡谷公园

TIPS

47050 Generals Hwy., Three Rivers, C.A. 559-565-3341 ★★★★

死谷国家公园坐落于内华达山脉之间，1890年就在这里建起了格兰特将军公园，公园中的格兰特将军树是全世界最大的红杉，被称为“全民族的圣诞树”。此外这里还有面积8000余公顷的原始森林和雄壮美丽的冰川峡谷，是最佳的避暑度假地之一。

35 红杉树国家公园 

世界自然奇观

TIPS

47050 Generals Hwy. # 60, Three Rivers, C.A.
559-565-3341 ★★★★★

红杉树国家公园堪称加利福尼亚州的自然奇观，这里气候温暖潮湿，生长有世界最大的水杉林，是野生动植物的天然庇护所。公园中心最大的一棵大树就是有2000多年树龄的谢尔曼将军树。许多地方公路都是直接从树林中穿过。

36 约塞米蒂国家公园 玩

美丽的国家公园

约塞米蒂国家公园是美国最美丽和最受欢迎的国家公园之一，位于内华达山上，冰川活动给这里带来了美丽奇诡的独特地形地貌。溪流、森林、瀑布共同构成了一幅美丽的山地画卷，还有巨大的世界杉林，让人叹为观止。

Yosemite National Park, C.A. 乘灰狗巴士在约塞米蒂国家公园站下 209-372-0200
★★★★★

37 17里湾风景区 玩

在公路上欣赏美景

17里湾风景区位于蒙特雷，是一条环状公路，把著名的卵石滩度假区围绕其中。沿途有许多美丽的海滩，还有四个著名的高尔夫球场，卵石滩球场还被评为世界上最好的高尔夫球场之一，多次举办国际著名赛事。驾车行驶在公路上即可欣赏两侧美景，真是人生一大享受。

TIPS

1824 57th Avenue, Oakland, C.A. ★★★★

卡梅尔海滩

美国最美的海滩

卡梅尔海滩蜿蜒曲折的海岸线上有许多景点，阳光、晚霞、街灯、沙滩都是美不胜收的景致，置身其中可以让人身心得到极大的放松，被誉为美国最美的海滩。

AMERICA GUIDE

拉斯维加斯

地处内华达州东南部的拉斯维加斯最初只是沙漠中的绿洲，经过百年的发展成为享誉世界的“赌城”，有世界顶级的奢华酒店、华丽的大型表演和顶级美食，是一座世界瞩目的狂欢之城！

01 费蒙街 逛

看千奇百怪的可口可乐周边产品

位于拉斯维加斯市中心的费蒙街是这座赌城最为热闹的一条街，走近街口，迎面而来的一个超大可口可乐瓶就令人眼前一亮。在这里展出了很多和可口可乐有关的周边产品，甚至连攀岩用的岩壁都采取了饮料瓶里饮料的样子。此外，这里还有著名的灯光天幕表演，闪烁的灯光在天上打出一片幻彩，让人眼花缭乱。

TIPS

Fremont Street，Las Vegas，N.V. 乘公共汽车在Fremont 站下 ★★★★★

02 长街 逛

拉斯维加斯的精髓所在

长街又被人们称作拉斯维加斯大道，这里才是这座世界知名的娱乐之城精髓所在。在全长6.5千米的大街上，分布着各色饭店、酒店、赌场，一到晚上就霓虹闪烁，到处都是灯红酒绿、纸醉金迷。在世界上排名前25位的饭店里有18座位于这里，拥有超过6.7万间豪华客房，其繁华热闹难以用语言评说，只有亲自到了这里才能感受到什么叫真正的花花世界。

TIPS

Las Vegas Blvd. South, Las Vegas, N.V. 乘公共汽车在Stratosphere站下 ★★★★★

看点 01

曼德拉湾饭店

火热的热带风情

曼德拉湾饭店在拉斯维加斯各个酒店之中独树一帜，颇具热带风情。酒店的大厅就被设计成一处活生生的热带雨林，各种鱼儿畅游在和人等高的水缸中，还有热带植物围绕其间，甚至在这里还设计了人造沙滩，一派海边景象。饭店内还利用古希腊人认定的地、水、风、火四种组成世界的元素为主题表演歌舞，给人们带来视觉上的享受。

看点 02

纽约客饭店

小型的纽约城

纽约客饭店几乎就是纽约城的复制，在这里可以看到帝国大厦、布鲁克林大桥、自由女神像等纽约的标志性建筑，虽然这些复制品只有原物的1/3大小，但是摆放的位置和方向都和原物一模一样，足以以假乱真。而且这里也设有赌场，赌场就位于“纽约中央公园”中，让前来游玩的客人感到既新奇又有趣。

看点 03

金字塔饭店

古典的埃及风情

金字塔饭店，从名字中就能知道这里充满了埃及风情，在这儿能看到代表埃及的狮身人面像和大金字塔，其中狮身人面像造型栩栩如生，金碧辉煌，比起远在非洲的“正版”来毫不逊色。在墙壁上满是古埃及的楔形文字，虽然不知道它们的含义，但是也觉得十分有趣。

看点 04

梦幻金殿大酒店

与野生动物共舞

初到梦幻金殿大酒店的人们可能会被这里饲养在庭院中的白虎、白狮子和豹子吓上一大跳。这家酒店就是以这种野生动物之趣作为卖点的。酒店里还有水族馆，养着很多漂亮的鱼儿，在这里住宿就好像住进了一个野生动物园，有可爱的动物做伴，不会感到孤单。

看点 05

米高梅饭店

米高梅的电影世界

米高梅饭店前那个大金狮子就是这里最明显的标志，这里可以说是拉斯维加斯各个饭店的时尚先驱，店内装饰得犹如电影场景一般。如果对影片很熟悉的话，会发现这里很多地方都是那么似曾相识。此外，在这里还养着真正的狮子，人们可以隔着玻璃观察它的一举一动，而它也时常观察着人们。

看点 06

恺撒皇宫饭店

古罗马的奢华气质

恺撒皇宫饭店里那种古罗马奢华的气质是别处无法比拟的，各种公共浴室、众神雕像和巨大的喷水池营造出标准的古罗马贵族集会场所。这里不仅有让人赞叹的美味佳肴，在品味美食的时候还会有精彩的魔术表演，真让人不知道该吃饭还是该看魔术好。

看点07 美丽湖饭店

亚平宁的娴静风格

来到美丽湖饭店就好像来到了意大利，这里到处都是亚平宁那悠闲浪漫的氛围。在酒店里有一个人工湖，这就是仿造赫赫有名的度假胜地科莫湖而建的。漫步湖边，茂密的丛林和隐隐传来的乐声让人觉得自己根本不是在大都市中，而是位于某个山村小店，仿佛一出门就能看到满天星斗。

看点08 金银岛酒店

令人心惊肉跳的海盗岛

金银岛酒店的背景是来自同名的冒险小说，这里被打造成一处海盗基地，那巨大的弯刀和骷髅的标志正是这里的特色。在这儿到处都能看到面目狰狞的海盗，旅客甚至还可以和著名的电影《加勒比海盗》玩互动，也不知道在这里能不能吃得下饭。

看点09 巴黎饭店

体验巴黎的浪漫

在巴黎饭店人们不必远赴重洋就可以见识到真正的法兰西式浪漫。酒店里将巴黎各个知名景点原样复制了过来，无论是雄伟的凯旋门还是优雅的卢浮宫或是肃穆的埃菲尔铁塔，在这里都能看得清清楚楚。同时，这里还提供最正宗的法式大餐，让人觉得不虚此行。

看点10 神剑城堡酒店

展示中世纪文化

对于那些喜爱骑士和城堡等中世纪文化符号的人们来说，神剑城堡酒店是他们的最佳选择。这里几乎就是一座活生生的中世纪城堡，里面的设施齐备，甚至还开辟了一个楼层专门向大家展示中世纪时期的乡村风景。每天这里都会上演精彩的亚瑟王传说，人们在演员的精彩表演中享用美食，不亦乐乎。

看点11 威尼斯人酒店

水中天堂

威尼斯人酒店的主题就是一个“水”字，纵横交错的人造河流上漂浮着一只只贡多拉小船，人们汇聚在酒店里的圣马可广场上，高贵的总督府、显眼的比萨斜塔都成为人们触手可及的美景。在酒店里还有一座杜莎夫人蜡像馆，看那些栩栩如生的蜡像也成为人们不能错过的活动。

03 好莱坞星球餐厅 吃

好莱坞影星们创办的饭店

TIPS

3500 Las Vegas Blvd. S, Las Vegas, N.V. 乘公共汽车在Planet Hollywood Hotel站下 559-565-3341 ★★★★★

好莱坞星球餐厅在拉斯维加斯颇有名气，其一是因为它是由布鲁斯·威利斯、施瓦辛格等好莱坞知名影星联手创办的，更重要的是这里兼容了来自世界各地的著名美食，不管你喜好什么口味，到这里都能得偿所愿。更有趣的是，这里菜单上的菜名用的都是好莱坞大片的名字，如果没有旁边的注释，还真是让人一时摸不着头脑。此外，在餐厅的墙上还有不少名人留下的手印，说不定其中就有你崇拜的偶像。

04 胡佛水坝 赏

人类水利史上一大奇观

胡佛水坝堪称人类水利史上一大奇观，它位于科罗拉多大峡谷的崇山峻岭之中，拔地而起，气势非凡。在水坝旁建有一座天使像，这是为了纪念修大坝时死去的百余名工人而立的。游人可以登临到水坝之上，纵目四望，感受到人定胜天的壮志豪情。人们还能来到大坝底下，参观建设者们所用过的房间，体会这项工程的不易。

TIPS

Boulder City, NV 89005 702-293-8321 ★★★★★

AMERICA GUIDE

西雅图

西雅图是美国西北部最大的城市，也是美国西北部的经济文化中心，因多雨、湿润、常年青山绿水而又有“雨城”和“翡翠城”的别名。

西雅图是星巴克的产生地、波音飞机的故乡、微软创造者比尔·盖茨的家乡，这里曾被《货币》杂志评为全美最佳居住地。

01 西雅图中心

逛

西雅图人的娱乐中心

西雅图中心是作为1962年西雅图世博会的主会场而兴建的，如今这里则成了一处集娱乐、教学等于一身的博物馆。在这里可以看到文化表演和贸易展、各种科学展览、西雅图超音速队的篮球比赛等，而餐厅、剧场、游乐园等更是不计其数，人们可以在此尽情娱乐。

TIPS

Harrison Street, Seattle, Washington 乘公共汽车在5th Ave. N. & Broad St.站下 206-684-7200 ★★★★★

* 宇宙针

西雅图中心的标志

宇宙针是西雅图中心的标志性建筑，塔高184米，乘坐它的观光电梯只需40秒就能从底下直达塔顶。它的塔顶观光区，其造型好似一个“UFO”，以至于当地居民都戏称这是“美国总统逃往宇宙用的飞行船”。

02 太平洋科学中心 赏

寓教于乐的科学教育

太平洋科学中心就位于宇宙针旁，是一座非营利性的博物馆。这里有着独特的设计，在广场上设计了喷泉和水池，里面有不少动物的雕像，同时，这里还突出了与人互动的效果，将这里的科学气息展现了出来。在科学中心里，各种原本枯燥乏味的科技概念等，都被运用先进的多媒体效果展示了出来，即使是小孩子也能很容易地接受并加深他们对科学的兴趣。

TIPS

200 Second Avenue North, Seattle, WA 乘公共汽车在5th Ave. N. & Broad St.站下 206-443-2001 9美元 ★★★★

03 西雅图音乐体验馆 娱

人和音乐的互动体验

西雅图音乐体验馆是一座造型十分前卫的建筑，3000枚不锈钢片和铝片为这里染上了绚丽的色彩，而古怪的外形也为这里带来了不少争议。在体验馆里很重视音乐与人的互动，即使你五音不全，也可以自如地操作这里的吉他、鼓、键盘等乐器，演奏出连自己都意想不到的美妙音乐。同时，这里还详细介绍了吉他的历史，展示了历史上出现过的各种吉他。

TIPS

325 5th Avenue North, Seattle, WA 乘公共汽车在5th Ave. N. & Broad St.站下 206-367-5483 19.95美元 ★★★★

04 派克市场 逛

淘宝的好去处

派克市场是一座历史悠久的集贸市场，如今这里已经成了一处高人气的旅游胜地。这里每年都会举办200多次商业活动，展出各种手工艺制品和农产品。在这里随处可以看到鲜花、果蔬、糕点、干酪等，还有在街头做表演的艺人，使得这里好像一个热闹的大集市一样，人们能在这里淘到不少宝贝。

1501 Pike Pl., Seattle, Washington 乘公共汽车在1st Ave. & Pine St. 站下 206-382-4297 ★★★★

05 西雅图水族馆 赏

真实反映美国西北海岸的生态

西雅图水族馆比起美国其他地方的水族馆来说规模并不是很大，但是却拥有独特的魅力。馆内有一个巨大的球形玻璃视窗，人们可以站在它的四周通过不同的角度来观看里面的水生动物。而且这里也不像其他地方专门找世界各地的珍稀动物来做展示，而是真实地反映美国西海岸的生态环境，给人一种很亲切的感觉。

TIPS

1483 Alaskan Way, Seattle, WA 乘公共汽车在1st Ave. & Pine St. 站下 206-386-4300 11美元 ★★★★

06 宇宙剧场 娱

感受高新科技带来的刺激

宇宙剧场就位于西雅图水族馆的附近，这里拥有超大的环形银幕、震撼的音响效果和出色的多媒体技术，能够给人最逼真的视觉体验。这里经常播放一些有关宇宙的进化、火山爆发、地质演变等科学影片，其效果让人过目难忘。

1483 Alaskan Way, Seattle, WA 乘公共汽车在1st Ave. & Pine St. 站下 206-386-4300 7美元 ★★★★

07 西雅图美术馆 赏

富有古典韵味的美术馆

西雅图美术馆是一座看上去很富古典韵味的建筑，这里外墙上都贴满了蓝白两色的瓷砖，就好像一座中国古代的青花瓷制品。在门口可以看到一座巨大的铁质雕像，表现的是一个正在辛苦工作的工人，这是为了让人们不要忘记工人们为了建造这座美术馆而洒下的汗水。美术馆里主要展出亚洲、非洲以及北美地区原住民的文化艺术，其中包括很多印第安人的作品，其数量和品质都堪称全美第一。

TIPS

1300 1st Avenue, Seattle, WA 乘公共汽车在1st Ave. & Union St. 站下 206-625-8900 10美元 ★★★★★

08 西雅图公共图书馆 赏

全面颠覆传统的图书馆

西雅图公共图书馆以其精巧的设计而为人们所称道，被称为“本时代修建的最重要的新型图书馆”。这里通过崭新的空间布局，实现了对传统图书馆从形式到内容的全面颠覆，把真实世界和虚拟世界结合在了一起。同时这里的自动分类系统也令人赞叹，电脑可以通过书上的条码将书自动归类对应的地方，节省了许多人力与时间。

1000 4th Ave, Seattle, WA 乘公共汽车在4th Ave. & Madison St. 站下 206-386-4130 ★★★★

09 开拓者广场 逛

西雅图开拓历史的起点

开拓者广场是西雅图的起源地，白人开拓者19世纪来到这里时就定居于此。不过这里的建筑大多在1889年的西雅图大火中毁于一旦，如今这里的砖石建筑都是大火后所重建的。在广场正中竖立着当地一位印第安酋长的塑像，据说这位酋长和白人友好共处，奠定了现在西雅图的基础。此外，在这里还留有很多淘金潮时期的遗迹，是最吸引游人的景点。

Pioneer Square, Seattle, WA 乘公共汽车在1st Ave. S. & S. Jackson St. 站下 ★★★★★

10 史密斯大厦 赏

历史最悠久的大楼

史密斯大厦位于开拓者广场附近，于1914年建成。楼高138米，曾经是这里最高的建筑，也是西雅图历史最悠久的大楼。这座大楼的造型古典，外墙铺的是花岗岩，使得这座大楼仅仅在1976年清洗过一次。在大楼35层有一处大观景台，人们可以在这里饱览西雅图市内的风光。此外，大楼内的中国房间也是颇具人气的景点，房间里的装饰全都来自中国。

TIPS

502 Second Avenue, Seattle, WA 乘轻轨在Transit Tunnel & Pioneer Sq. Station 站下 206-381-0638 5美元 ★★★★

11 哥伦比亚中心 赏

极具现代艺术感的大楼

哥伦比亚中心，外观使用黑色花岗岩建成，颇具现代感，线条流畅，造型优美，显得既前卫又严肃。大楼高284米，是目前西雅图最高的大楼。除了在73层设有观景台外，大楼的75、76层设有俱乐部、餐厅、酒吧、图书馆、会议室等设施。地下室也可以通往西雅图市政厅和银行等机构，十分方便。

TIPS

701 5th Avenue, Seattle, WA 乘公共汽车在4th Ave. & Cherry St. 站下 206-386-5151 5美元 ★★★★

12 西雅图国际区 逛

体验亚洲各国的民俗

西雅图国际区位于西雅图市最中心的地段，这里有来自中国、日本、菲律宾、韩国、泰国、老挝、柬埔寨、缅甸等亚洲国家的移民，其中还有被称为“小西贡”的越南企业聚集区。在这里各种亚洲风格的建筑混杂在一起，每走一段就好似来到了不同的国家一样，各种古老的文化在这里相互交融，形成了独特的文化特色。

TIPS

International District, Seattle, WA 乘公共汽车在S. Jackson St. & Maynard Ave. Station 站下 ★★★★

13 西雅图地下城 赏

大火后重建形成的广阔地下城

说起西雅图地下城，不能不提到1889年的西雅图大火，当时的火灾几乎毁掉了西雅图的一切。火灾过后，西雅图人在废墟上重新建起了城市。而因为防灾的需要，这里所有的路面都被提高了6米，所以从前的1楼一下子就变成了地下室，有趣的地下城就此形成。在地下城里随处都能看到过去西雅图的样貌，而且还刻意保留了遭受火灾时的样子，提醒人们牢记大火给这里带来的苦痛。

TIPS

608 1st Avenue, Seattle, WA 乘公共汽车在1st Avenue & Yesler Way站下 206-682-4646 ★★★★

14 西雅图码头区 逛

西雅图最热闹的商业区

TIPS

1366 Alaskan Way, Seattle, WA 乘公共汽车在Alaskan Way & Pike Street站下 206-623-0340 ★★★★

西雅图码头区是西雅图最热闹的商业区，这里原本是位于埃利奥特湾旁的航运枢纽，后来逐渐变化为供人们吃喝玩乐的好地方。在这里沿街都是餐厅、购物中心，有出售各种小商品的路边摊，还有著名的西雅图水族馆和IMAX影院。各式各样的汽车在公路上来来往往，无数游船在港口停泊，其热闹的场景令人心驰神往。

15 赛佛科球场 娱

西雅图的体育圣殿

可以容纳47000人的赛佛科球场是西雅图最重要的棒球场，这里是职业棒球队西雅图水手队的主场。虽然这座球场完工于1999年，但是却采用了仿古造型，整座球场都是用红砖建成，其中的比分板也都是用古老的白炽灯来显示。由于日本球员铃木一郎是西雅图球迷们心目中的英雄，因此在球场周围有很多日式料理店，球场内也提供了详细的日语服务，在美国各大球场中独具一格。

TIPS

1250 1st Avenue South, Seattle, WA 乘公共汽车在1st Ave. S. & Edgar Martinez Dr. Station 站下 206-346-4287 ★★★★

16 未来航空中心 赏

展示波音飞机的发展历史

西雅图是波音飞机的故乡，又被称作“飞机城”。美国的未来航空中心就位于波音公司在西雅图的生产基地，这里通过展示波音公司历史上所研制的各式客机以及最新型的波音787客机，向人们介绍了喷气式客机的发展历史。同时在这里还设置了飞行模拟器、儿童乐园、观景台等设施，游客们可以在这里发挥自己的想象力，为客机设计外形。此外，人们还可以前往隔壁的波音飞机生产基地，亲眼看一下飞机中各个零件的生产过程。

TIPS

8415 Paine Field Blvd., Mukilteo, WA 206-764-5720 11美元 ★★★★

17 奥林匹克国家公园 玩

保留最原始风貌的国家公园

TIPS

3002 Mt. Angeles Rd., Port Angeles, WA 360-565-3130

★★★★

奥林匹克国家公园位于奥林匹克半岛上，是美国除了阿拉斯加外最大的一片原始区域。这里可以说是一本详尽的地理大百科全书，有红宝石海滩、新月湖、天使港、飓风岭等景点，春夏秋冬都有不同的景致。而且公园为了最大限度地保持这里的原始风貌，并未对这里进行区域规划，使得人们可以在此体验到一路上风景逐渐变化的过程，很容易沉醉其中。

18 华盛顿大学 赏

西雅图最好的大学

位于西雅图的华盛顿大学始建于1861年，是美国知名的高等学府。大学校园坐落于波蒂奇湾和华盛顿湖之间，占地约47公顷，生活、学习、交通、购物和休闲都非常方便。校内共分3个校区，除了西雅图校区外，还有Bothell与Tacoma两个校区。这所大学久负盛名，尤其以医学专业和护理专业而闻名，从这里走出过多位获得过极高荣誉的学者和专家。

TIPS

231 Suzzalo Library, Seattle, WA 乘公共汽车在NE Pacific St. & NE Pacific Pl. 站下 206-543-2100

★★★★

19 雷尼尔山国家公园 玩

拥有完美自然风光的国家公园

雷尼尔山国家公园位于西雅图南部，公园中的雷尼尔山是美国最高的火山，站在山顶放眼四望，四周都被浓浓的雾气所笼罩，而山顶就好像一座仙岛，十分神奇。除了火山外，这里还有阿拉斯加以外最大的冰河系统，27道冰河向四周涌出，很是壮观。此外，在山脚下还有草原、森林、湖泊、瀑布等景色，和高耸的山峰与奔流的冰河结合起来，显得愈加壮观。

TIPS

Pierce, 55210 238th Avenue East, Ashford, WA
360-569-2211 ★★★★

TIPS

7280 Ranger Station Rd., Marblemount, WA 360-873-4590 ★★★★

20 北瀑布国家公园 玩

宛如仙境一般的国家公园

北瀑布国家公园占地2768平方千米，公园拥有长长的海岸线，还有起伏的山峦、浓密的森林、多彩的冰川和波光粼粼的淡水湖泊。在这宛如仙境一般美妙的自然环境中，自由生活着很多动物，其中包括狼、猞猁、驼鹿、狼獾等稀有动物，还有北美常见的黑熊和多种鸟类。人们在这里可以尽情体验各种自然风情，完全融进这美好的天地中去。

21 布莱克岛 玩

体验各种印第安传统文化

布莱克岛位于西雅图外海，面积仅有1.9平方千米，甚至还不如一些城市公园大。不过这里保留着最原始的印第安传统文化。在岛上的苏夸米希印第安原住民文化中心里，人们可以品尝到美味的三文鱼料理，欣赏当地的民俗表演，还可以直接在岛上露营和野餐，享受和大自然亲密接触的愉快感觉。

TIPS

Port Orchard, WA ★★★★

22 林地公园动物园 玩

西雅图第一大动物园

有110多年历史的林地公园动物园是西雅图最大的动物园，在这里拥有300多种野生动物，1000多种植物以及1090种动物标本。这里按照不同地区的特点分成热带雨林区、非洲大草原区、大洋洲区、北美区、温带森林区和混合区等几个部分，将各种当地特有的动物自由放养在其中，真实再现了这些地方的自然风貌。

TIPS

601 N. 59th St., Seattle, WA 乘公共汽车在Phinney Ave. N. & N. 50th St.站下 206-548-2500 ★★★★

AMERICA GUIDE

夏威夷

位于太平洋的夏威夷是美国的第50个州，地处热带的夏威夷风景迷人，是全世界闻名的度假胜地，马克·吐温曾形容这里是大洋中最美的群岛。

01 夏威夷岛 玩

五座火山组成了夏威夷最大岛

TIPS

Big Island, Hawai ★★★★★

夏威夷岛是夏威夷群岛中最大的岛屿，这里由5座火山组成，其中基拉韦厄火山和冒纳罗亚火山是最著名的活火山。在这里可以看到丰富多样的火山植物和野生动物，也能看到地缝、温泉等火山地区特有的地理景观，此外，漫长细软的沙滩可以供人休息，是夏威夷最受人青睐的度假景点。

看点01 夏威夷火山国家公园

吞云吐雾的活火山

位于夏威夷岛上的夏威夷火山国家公园包括基拉韦厄火山和冒纳罗亚火山两座活火山，其中冒纳罗亚火山是夏威夷岛上最大的火山，而基拉韦厄火山则是这里最活跃的火山，至今它的火山口还在不断冒着浓烟。这里还生活着不少火山动物，更是动物爱好者们的最爱。

看点02 夏威夷热带植物园

美丽的热带植物

夏威夷热带植物园被誉为夏威夷风光最漂亮的地方，这里气候条件得天独厚，十分适合植物的成长。在这里有来自世界各地的2000多种植物，还有火烈鸟、鹦鹉等不少可爱的动物。这里为保护各种珍稀动植物做出了很大贡献。

02 威基基海滩 玩

夏威夷的标志之一

位于夏威夷首府檀香山的威基基海滩是夏威夷最好的海滩，这里曾经是夏威夷国王御用的海滩。这条海滩长约1英里，沙质洁白细软，海水开阔而宁静，人们可以在这里进行各种沙滩活动，无论是娱乐还是休息都十分合适。此外这里还兼具购物、访古、探幽等多项功能，内容丰富，让人印象深刻。

TIPS

Waikīkī Beach，Honolulu，HI 96815 ★★★★★

亚特兰蒂斯潜水艇之旅

神奇的海底之行

亚特兰蒂斯潜水艇之旅是威基基海滩最富特色的旅游项目，人们可以乘坐潜水艇深入到水下30多米的地方，通过潜水艇上的圆形窗口观察大海深处的情景，和各种鱼类做零距离的接触。在这里能看到平时难得一见的深水生物，偶尔还有潜水员向人们挥手致意，十分有趣。

03 伊奥拉尼王宫

赏

现代化的国王王宫

伊奥拉尼王宫建于1881年，是夏威夷末代国王的王宫。这座建筑拥有典型的夏威夷建筑风格，气势恢弘，内部装饰也十分华丽，到处都是高级的家具和精美的艺术品。同时这里还拥有标志着现代文明的家用电器、电话与抽水马桶。在王宫的展厅中还存放着各种夏威夷王国的古老文物，十分珍贵。

364 South King Street, Honolulu, Hawaii 乘4路公共汽车可达 808-522-0822 ★★★★★

卡米哈米哈一世塑像

夏威夷最伟大的国王塑像

卡米哈米哈一世是夏威夷王国历史上最伟大的国王，是他统一了夏威夷群岛。卡米哈米哈一世塑像位于伊奥拉尼王宫前，这座铜像是在意大利佛罗伦萨制造完成的，每年的7月11日卡米哈米哈一世生日那天，这座塑像都会被戴上花环，以示人们对国王的爱戴。

04 钻石山登顶步道

崎岖的登山步道

钻石山是夏威夷最著名的死火山，和威基基沙滩一起并列为夏威夷的两大标志。因为山上闪闪发光的方解石结晶好似钻石一般而得名。从山脚到山顶有一条长长的登山步道，最初是美军防御工事的一部分，蜿蜒通过山上很多重要的设施。通过这条步道就能遍览钻石山的大部分景色，因此有不少人不惧辛苦，坚持走到山顶。

Lahaina, HI ★★★★

05 珍珠港

太平洋战争开始的象征

从某种意义上来说，珍珠港才是夏威夷最著名的地方，“二战”时日军偷袭珍珠港拉开了太平洋战争的序幕。如今这里硝烟早已散尽，除了有一些纪念设施外，大部分已经成为娱乐设施。在这里除了可以看到传统的草裙舞表演外，还能买到不少纪念品，这里已成为人们追忆战争的纪念地。

TIPS

Pearl Harbor Ewa., HI 96818 ★★★★★

06 亚利桑那号纪念馆 赏

战争的悲伤回忆

“亚利桑那号”是在日本偷袭珍珠港的过程中被击沉的军舰之一，如今这里已经被改造成一座纪念馆。“亚利桑那号”本体就位于纪念馆的水下，仅有一座炮台和圆形底座露出水面。在纪念馆正中的墙上镌刻着“亚利桑那号”上牺牲的1177名官兵的名字，而通过这里的潜望窗口还能看到“亚利桑那号”那锈迹斑斑的船体和上面漏出的滴滴油料，警示着人们要珍惜现在的和平生活。

TIPS

1 Arizona Memorial Road, Honolulu, HI 808-422-2771 ★★★★★

07 波利尼西亚文化中心 玩

引人入胜的传统文化

波利尼西亚文化是夏威夷的主要传统文化，在瓦胡岛上的波利尼西亚文化中心分布着多个夏威夷原始部落，当游客们来到这里，首先就会受到当地人使用花环相迎，然后就能看到他们传统舞蹈的表演，之后还能享用到美味的卢奥晚餐和欣赏名叫“地平线”的大型表演。游客在这里还能买到不少夏威夷传统的工艺品，深刻地了解波利尼西亚人的传统文明。

TIPS

55-370 Kamehameha Highway, Laie, HI 808-293-3333 ★★★★

08 卡皮奥拉妮公园 玩

设施丰富的公园

卡皮奥拉妮公园是夏威夷历史最悠久的公园。在当时国王的命令下，人们将这里的沼泽排干，使用新形成的土地建造了这片公园。他们在公园里开展网球、足球、马拉松、射箭等各种体育运动，还在公园里修建了动物园和露天舞台。此外，人们还能在公园里的大草坪上休憩，欣赏有百年树龄的大榕树，别有一番野趣。

TIPS

2805 Monsarrat Ave., Honolulu, Hawaii 808-545-4344 ★★★★

09 卡怀亚哈奥教堂

夏威夷的西敏寺

建于1842年的卡怀亚哈奥教堂是基督教在夏威夷传播的起点，曾经作为王室专用的教堂而闻名，因此也得了个“夏威夷的西敏寺”雅号。这座教堂是用珊瑚石砌成，融合了夏威夷和欧洲的建筑风格。如今这里依然信徒众多，还是人们举办婚礼的主要地点，一年到头热闹非凡。

TIPS

957 Punchbowl St., Honolulu, HI ★★★★

10 恐龙湾 玩

潜水活动的胜地

恐龙湾是由于死火山的火山口被海浪打塌而形成的，因为形状好似一头恐龙张开大嘴的样子而得名。这里拥有大量的海洋生物，其中还包括珍贵的绿海龟和鹦哥鱼等。海湾里海水平静清澈，可以一眼看到水下的珊瑚礁群落。人们可以在这里进行浮潜等水下活动，和各色漂亮的小鱼做亲密接触。不过由于过多地喂食使得这里的水质有所退化，目前已经限制了游客的数量。

TIPS

Hanauma Bay，Honolulu，HI 乘公共汽车22路可达

★★★★

11 考爱岛

风光宜人的花园之岛

考爱岛在夏威夷神话传说中是创世神创造的第一个小岛，这里有着碧蓝的海水、柔和的海风、绿色的椰林，宁静的田园风光，宛如从油画里诞生一般。人们在考爱岛上可以以多种方式来享受这里的美景。同时，这座岛上的旅游业也十分发达，有很多出售当地工艺品的小店，还有很多博物馆供人了解这里的历史。

Kaua’i Hawaii 

看点01 纳帕利海岸州立公园

鬼斧神工的海蚀峭壁

纳帕利海岸州立公园位于考爱岛上一条海岸的峭壁之上，人们只能通过一条陡峭的小路登上公园，但是一旦来到这里，就会被公园里的壮美景色所震撼。站在峭壁上遥望，远处海天一色，近处惊涛拍岸。而且沿岸的岩石数千年来被海水侵蚀成为各种奇怪的样子，能让人感受到大自然的鬼斧神工。

看点02 科基州立公园

风景不同的观光步道

科基州立公园地处威美亚峡谷公园以南，占地面积达数百公顷，有多条步道分布其中，人们可以通过不同的步道看到不同的景色。在这里能看到“一山有四季，十里不同天”的奇妙景观，还可以遇见分属热带与温带的各种动植物生活在一起。此外，在公园里还有一座小型历史博物馆，能提供给人们很多夏威夷原住民的历史知识。

看点03 蕨类植物洞

铺天盖地的蕨类植物

蕨类植物洞是考爱岛上的知名景点，走进这洞窟，会发现这里每一寸地方都被各种蕨类植物所占据了，好像一大张绿色绒毯遮蔽了洞中所有的角落。此外，洞里的结构很是神奇，让这里拥有极好的音响效果，经常会有当地的乐手到这里来演奏美妙的音乐。同时这里也是当地人气很旺的结婚场所。

12 古兰尼牧场 玩

追寻电影的外景地

古兰尼牧场临近威基基海滩，占地267公顷，是当地人用来放牧牛羊的地方。早在古代，这里就被岛上的原住民认为是神圣的地方。在这里有一望无际的大草原和幽深神秘的丛林，很多电影都将这里作为外景基地。人们在这里可以探访侏罗纪公园，凭吊《风语者》中的战场，寻找失落的古波利尼西亚遗迹，甚至还能乘坐古代战船出海巡游，享受多方面的乐趣。

TIPS

49-560 Kamehameha Hwy., Kaneohe, HI

808-237-8515 ★★★★

13 尼华岛 玩

体验传统的原始生活

尼华岛是一处私人岛屿，只有参加考爱岛举行的直升飞机游才能上岛。这座岛面积狭小，居民也只有200人，而且至今依然保持着最古老的生活方式，任何现代化的科技都没有能打扰他们的平静生活。同时岛上还饲养了不少野生动物，让人们在那些喧嚣的热门旅游景点之外体验一下这里平淡宁静的原始生活。

TIPS

Niihau, HI ★★★★

14 毛伊岛 玩

旅游业发达的岛屿

毛伊岛是夏威夷群岛中的第二大岛，分东西两个部分，从沙滩到雨林，从山谷到火山，应有尽有，变化多端。东岛有著名的死火山哈莱阿卡拉山等景点，地形多以山地为主，气候宜人，游人较少，适合喜欢安静的客人。而西岛旅游业发达，有丰富的旅游项目，人们可以骑马、赛自行车、打高尔夫球和网球，而且夜生活丰富多彩，很适合那些喜欢热闹的游客。

Maui, Hawaii ★★★★

看点01 拉海纳捕鲸镇

夏威夷王国曾经的首都

拉海纳捕鲸镇是一座在18世纪时因为捕鲸潮的兴起而形成的城镇，因此在很长一段时间这里也是夏威夷王国的首都。不过如今捕鲸业已经消失无踪，但是小镇那秀丽的风光却保存了下来。在这里一切都还是18世纪时的样貌，古风古韵尽显无遗。海中常有鲸鱼出没，因此也吸引了不少人来一睹为快。

看点02 尖峰山

傲然挺立的绿色山峰

尖峰山是一座在海水侵蚀之下形成的孤立于数座悬崖之间的山峰，整座尖峰山都被绿色的植被所覆盖，远远望去就好像矗立于群山之中的翡翠一般。在这里会有当地原住民表演刺激惊险的悬崖跳水，游客们还能体验一下被他们扔进水里的感受，一定令你难忘。

看点03 卡阿纳帕利沙滩

热闹的人工景区

卡阿纳帕利沙滩位于西毛伊岛，这里是夏威夷第一个人工兴建的景区，金色的沙滩、摇曳的椰林、碧蓝的海水和天空，还有被赋予了神秘传说的巨大黑岩，都让人心旷神怡。到了晚上这里还有盛大的晚间舞蹈表演，届时人们欢聚一堂，无比热闹。

看点04 Haleakala国家公园

颇富奇幻色彩的“太阳之屋”

Haleakala在夏威夷语中是“太阳之屋”的意思，公园以世界上最大的休眠火山Haleakala山为主体，最大的特色就是山的南北两坡有截然不同的风景。山北雨水丰沛，生长有大片的热带雨林，而山南则干旱少雨，形成大片草原，而到了山顶火山口就好像是走进了一个不毛之地。这种神奇多变的景致吸引了不少游人纷至沓来。

15 莫洛凯岛 玩

看夏威夷最长的沙滩

莫洛凯岛也被称作“友善之岛”，它拥有漫长的海岸线。岛东侧是一道狭长的谷地，生长着各种绿色的苔藓植物，还拥有全世界最高的海岸峭壁。而岛南则遍布松林和竹林，气候潮湿，全夏威夷最长的沙滩就位于这里。游人们可以伴随着造型古怪的大堡礁一起和大海嬉戏玩耍，享受海滩带来的乐趣。此外，在岛上还有一条落差达478米的瀑布，也是这里的著名景点。

TIPS

Molokai, Hawaii ★★★★

AMERICA GUIDE

塞班岛

风光迷人的塞班岛地处太平洋边缘，这里气候宜人，湛蓝的海水与迷人的沙滩吸引了全世界各地的游客光顾，是旅游度假的天堂。

01 军舰岛

充满军舰和飞机残骸的岛屿

军舰岛位于塞班岛西侧外海，这里以能看到巨大的军舰和飞机残骸而闻名。这里的军舰、沉船等都是“二战”时留下的遗物，如今都已经成了吸引鱼儿的鱼礁。这里最吸引人的项目当属水中漫步，人们可以带上水下呼吸器在水中畅快地游玩，看那些布满船体的彩色珊瑚和穿梭其间的蝶鱼、粗皮鲷、雀鲷等各色鱼儿，乐趣无限。

TIPS

Northern Mariana Islands ★★★★★

02 蓝洞

塞班岛最著名的潜水胜地

TIPS

Saipan, Grotto Dr., Northern Mariana Islands

★★★★★

蓝洞是塞班岛上最著名的潜水胜地，人们可以从它那好像海豚嘴一般的洞口游进洞中，蓝洞通过三条水道与外界相连，阳光通过这些通道照进洞里来，发出淡淡的蓝光，蓝洞之名就此而来。这里别有洞天，到处都是巨大的石灰石形成的各色美景，四处还分布着各种绿色植物，海龟和小丑鱼在水中游来游去，待上一会儿就会觉得流连忘返，再也不想出去了。

03 鸟岛

鸟儿的乐园

鸟岛位于塞班岛北侧，平时涨潮时，这里与普通岛屿并无二致，而退潮的时候，连接塞班岛和鸟岛的沙滩就会显露出来。岛上都是模样奇特的石灰岩，上面还生长着各种绿色植物，就好像一个个盆景一般，十分有趣。此外，既然这里叫做鸟岛，各色鸟类肯定是必不可少的，在这里生活着包括火烈鸟、长尾鹦等稀有动物在内的上百种鸟类，人们可以和鸟儿们一起玩耍，体验自然的趣味。

TIPS

Saipan, Northern Mariana Islands ★★★★

04 麦克海滩 玩

看七色变幻的海面

麦克海滩距离军舰岛不远，这里是塞班岛上最有特色的海滩。它最大的特点就在于海面，这里的海面很特别，每天会随着阳光照射角度的不同而幻化出七种不同的色彩，好像彩虹一般。而且这里的海滩又浅又长，非常适合海水浴，因此在这里经常会聚集很多人，他们或躺或坐，悠闲地享受阳光带来的温暖。

TIPS

Micro Beach Road, Garapan, Northern Mariana Islands

★★★★

05 自杀崖 赏

体会战争的残酷

自杀崖是1944年美军攻击马里亚纳诸岛上的日军基地时，日军在塞班岛最后抵抗的据点，这处悬崖位于海拔249米的马尔他正山上，在战争结束时，残暴的日军逼迫和他们一起来到这里的平民一起跳下悬崖，导致数百人死亡，成为一出悲剧。如今在这里有很多纪念这些无辜亡灵们的纪念碑，人们在碑前静心祈祷，希望那悲惨的一幕永远不要再发生了。

TIPS

Suicide Cliff, Northern Mariana Islands 

06 和平纪念公园 赏

祈祷和平的所在

和平纪念公园是塞班岛上祈祷和平最重要的地方，这里主要用于纪念那些在战争中丧生的平民。公园里环境很是清静，到处都是绿色植物和潺潺流水。公园正中有一座塑像，扭曲的造型象征着残酷的战争。塑像附近分别有一个十字架和一座观音像，无论是基督徒还是佛教徒都能在这里安心祈祷。此外，公园还设有高高的瞭望台，人们可以远眺塞班岛的美妙风光，放松自己的心情。

TIPS

Peace Menorial Park, Northern Mariana Islands

★★★★

07 卡梅尔山天主教大教堂

赏

西班牙人所建的教堂

卡梅尔山天主教大教堂是塞班岛在西班牙人殖民时期所修建的，虽然原建筑早已毁于“二战”，但是人们还是将它重建了起来。建筑保持了最初的西班牙风格，纯白的外墙，折线形的屋顶，显得古色古香。教堂周围种满了各色鲜花，开花时花团锦簇，十分显眼。教堂内部则很具现代感，光线很充足，一点也感受不到老教堂的那种沉重感。

TIPS

Chalan Hagoi, Chalan Kanoa, Northern Mariana Islands

★★★★

08 查莫洛夜市

吃

塞班岛上最著名的夜市

查莫洛夜市是塞班岛上最著名的夜市，每到夕阳西下，塞班岛中心的繁华地区就会变得人声鼎沸。在这里能享用到当地特色的小吃，还有很多周边国家的特色美食。而在广场上还有精彩的传统草裙舞表演，让人既过足了嘴瘾，也过足了眼瘾。此外，各种富含当地特色的小商品也是这里不容错过的部分，这些商品物美价廉，用来馈赠亲友再好不过了。

TIPS

Paseo Loop, Hagatna, Guam, Northern Mariana Islands

671-475-0377 ★★★★★

09 丘鲁海滩 玩

寻觅幸运的星沙

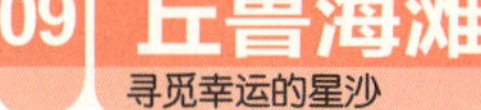

丘鲁海滩位于天宁岛的南部，这里是一片十分神奇的沙滩。秘密就在这里的沙子上，随手拿起一粒沙子仔细看，会发现这儿的沙子呈现奇妙的星形形状，而且每个沙粒的角数还不同，据说八角星是幸运的象征，因此也引来不少人在这里努力搜寻。不过为了保护这片神奇的沙滩，如今已经不允许将沙子带走了，这不能不说是一种遗憾吧。

TIPS

Chulu Beach, Northern Mariana Islands ★★★★

10 塔加海滩 玩

曾经的塔加王族专用海滩

塔加海滩是曾经统治这片地区的塔加王族专用海滩，这里海水不深，而且有漫长的白色沙滩，是游泳及进行潜水活动的大好地点。而且海水透明度很高，直接用肉眼就能看到在海中欢快游泳的鱼儿们和美丽的珊瑚。如果觉得这样还不尽兴，大可穿上潜水衣潜到水下，和水生物们进行零距离接触。除此之外，这里还会开办传统的查莫洛夜市，让人体会一下这里的民俗。

TIPS

Taga Beach, San Jose, Tinian, Northern Mariana Islands

★★★★

11 塔加屋 

古时的王宫

塔加屋据传本是古时统治这里的塔加王朝的王宫，这是一座典型的当地原住民风格的石质建筑，整体是使用天宁岛上出产的拉堤石建成，其中最大的石块高6米，重数吨。很难想象在当时简陋的条件下，人们是怎样运输这些巨大石块的。如今的塔加屋遗迹掩映在翠绿的树叶之间，偶有阳光洒落下来，显得是那么的落寞而沧桑，人们身处其间也能感到这里凝重的历史感。

TIPS

Taga, San Jose, Tinian, Northern Mariana Islands

★★★

12 原子弹装载地 

人类最初的原子弹装载地

1945年，两朵蘑菇云结束了日本法西斯最后的挣扎，两颗分别名叫“小男孩”和“胖子”的原子弹从天宁岛起程，在日本本土投下。而至今天宁岛上还留着纪念原子弹装载起程的地方。这里原是美军的临时基地，如今在这里有两座写着原子弹装载地的纪念碑，周围还留下了不少当年的痕迹，默默地给人们讲述战争的残酷。

TIPS

Tinian, Northern Mariana Islands ★★★★

13 天宁岛日出神社 

传统的日式神社

TIPS

Tinian, Northern Mariana Islands ★★★★

天宁岛日出神社是日本占领时期所建的，为了照顾到这里日籍移民的宗教需要，特地在岛上建造了这唯一的一座神社。不过这座神社在“二战”期间被美军炸毁，如今只能看到巨大的鸟居。这些遗迹都静静地矗立在丛生的绿色植物之间，周围种满了一种被称作“塞班樱花”的火树，每到花季，这种树都会开出鲜红的花朵，好像整个树冠都被点燃了一般。

14 北马里亚纳诸岛博物馆

赏

展示北马里亚纳群岛的历史

北马里亚纳诸岛博物馆并不是一家规模很大的博物馆，这里原来是日军的战地医院，战后被改造成纪念馆。这里主要收藏了北马里亚纳群岛在西班牙殖民时期、日本占领时期和“二战”以后到现在多个历史阶段的资料和文物。通过大量的图片、实物等资料向人们介绍这里多舛的历史。

TIPS

Garapan, Northern Mariana Islands 670-234-7207

★★★★

15 关岛

玩

美丽的南国岛屿

关岛位于马里亚纳群岛南端，是太平洋中一颗璀璨的明珠。这里据西太平洋海、空交通要冲，战略地位十分重要，因此曾经是各国竞相争夺的目标。同时，这里风光明媚，椰林沙滩，让人沉醉，是极佳的观光胜地。当地的旅游业也极为发达，交通便利，购物方便，每年都有数百万人次的游客来到这里，体验热带南国风情。

TIPS

西太平洋上 ★★★★★

看点01 杜梦湾

关岛最著名的海湾

杜梦湾是关岛最著名的海湾，这里常年风平浪静，安全性较高，因此是适合大部分人玩水弄潮的地方。在这里准备了丰富的海边娱乐项目，人们可以尽情玩个痛快，或是躺在沙滩上享受舒服的太阳浴，一点也不会感到无聊。

看点02 关岛赛狗场

观看激烈的赛狗大赛

赛狗是关岛当地颇具传统的比赛项目，位于岛北部的关岛赛狗场是关岛最火爆的赛狗比赛场地，这里饲养了700多只赛犬，每天都会进行数十场比赛。灵活的狗儿们在观众的助威声中勇往直前，直至分出胜负。这里还提供预测比赛胜负的下注活动，游客们可以在这里试一下自己的运气。

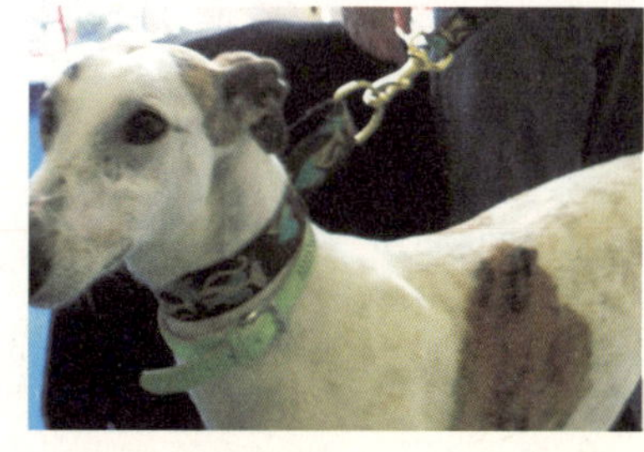

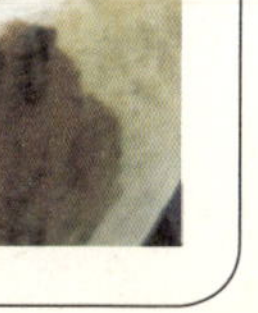

看点 03 海底世界水族馆

逛世界上最长的海底隧道

关岛的海底世界水族馆最大的特点就是拥有一条世界上最长的海底隧道，这条隧道长400多米，两侧水箱中的情景完全复制了密克罗尼西亚海域的真实状况，在这里漫步一圈就仿佛真的去海底畅游了一番，让人流连忘返。

看点 04 恋人岬

看落日盛景

恋人岬是因为一个悲伤的爱情故事而得名，这里是关岛北部最典型的珊瑚岩景观，两层峭壁互相交叠，形成天然的险峻地形。尤其是日落时从这里远眺浩瀚的大海，碧蓝的海水顷刻之间就会被阳光染成血红色，其景色之壮美让人震撼。

看点 05 鱼眼海洋公园

漫步于优雅浪漫的情人桥

鱼眼海洋公园是关岛著名的海洋生物保护区，人们可以通过设置在这里的海底展望塔看到水下生物们自由生活的场景。此外，在这里还有一条长300多米的木桥，因为傍晚时候经常有一对对情人拉着手漫步其上，所以也被称作情人桥。

看点 06 关岛自由女神像

古铜色皮肤的自由女神

关岛自由女神像是纽约那座自由女神像的复制品，建于1950年，造型和“原版”一模一样，只是在体积上小了很多，而且为了和当地人的肤色相合，还特地把女神像漆成了古铜色。

看点 07 瑞提迪恩沙滩

新兴的海边胜地

瑞提迪恩沙滩位于关岛最北端，临近美军的基地，这里和塞班岛一样也有一处星沙海滩，即海滩上的沙粒呈星形外观，很是神奇。

看点08 圣母马利亚教堂

西班牙风格的天主教堂

圣母马利亚教堂是关岛的第一座天主教堂，纯白色的外观显出典型的西班牙风格。教堂内部空间广阔，中间的圣母像清晰可见。如今这里是关岛上青年男女举行婚礼的首选地点，也会经常举行一些宗教仪式。

看点10 大酋长卡普哈公园

纪念伟大的酋长

大酋长卡普哈公园是为了纪念关岛历史上最著名的人物卡普哈大酋长而建的，公园里竖立着高大的卡普哈酋长的塑像，酋长袒胸而立，遥望远方，眼神深邃而充满智慧。每天在这座塑像前都会有人进献鲜花，以示对这位在西班牙人枪口下保护了关岛人们的伟大酋长的崇敬。

看点09 苏列塔德堡

西班牙殖民的见证

苏列塔德堡是曾经的西班牙殖民者们用来监视海上情况和防守用的，这样的堡垒如今在关岛上还有三座，苏列塔德堡是其中保存最为完好的一座。

看点11 南太平洋纪念公园

曾经的日军司令部

南太平洋纪念公园原本是驻关岛日军的司令部，也是“二战”末期最为激烈的战场。公园里的主要标志是一个“人”字形的大型石碑，这个造型也好似一个人在双手合十进行祈祷，用意为祈祷世界和平，再也不要发生战争。

AMERICA GUIDE

美国其他

01 亚特兰大可口可乐博物馆

赏

介绍可口可乐的历史

亚特兰大可口可乐博物馆建于2007年，这里展示了可口可乐自诞生以来100多年间的历史。在博物馆里展出了超过千种的可口可乐产品，它们制作精美，风格独特，是各个历史时期的体现。同时，人们还可以在博物馆内发挥自己的创造力，制作属于自己的可口可乐艺术品，过一把艺术家的瘾。

TIPS

121 Baker Street Northwest, Atlanta, GA 乘公共汽车在Centennial Olym PK Dr.@Baker St.站下 404-676-5151 ★★★★

02 南北战争博物馆

真实介绍南北战争的历史

人们对于南北战争和亚特兰大关系的认识大多出自小说《乱世佳人》，亚特兰大也是南北战争期间南军的重要据点。位于市内的这座南北战争博物馆呈环形，其中最主要的部分就是那一幅大型的环状银幕，里面通过各种先进的多媒体技术，真实反映了亚特兰大战役的史实，给人们以最直接的感官刺激，让人印象深刻。

TIPS

601 South President Street, Baltimore, MD 乘公共汽车在Fleet St. & Albemarle St. wb站下 410-385-5188 ★★★

03 科罗拉多范尔滑雪场 玩

适合所有人的滑雪场

科罗拉多范尔滑雪场是美国人最喜欢的滑雪场之一，这座滑雪场横跨7座山峰，拥有193条各种难度的雪道，其中最大的一条雪道落差达1000多米，从专业级的高手到初次上道的新手都可以自如地滑行。由于面积巨大，即使是在营业旺季也不会感觉拥挤，更不用担心会撞到别人，让人可以放心地充分享受滑雪的乐趣。

TIPS

1300 Westhaven Drive, Vail, CO　800-282-4183

★★★★★

04 科罗拉多斯普林斯 玩

平均海拔超过1英里的“哩高市”

科罗拉多斯普林斯是美国最著名的疗养胜地，位于落基山脉脚下的它平均海拔超过1英里（1.6千米），拥有马尼图斯普林斯矿泉及派克斯峰等知名景点。同时这里也是美国打雷最频繁的地方，著名科学家特斯拉就在这里设立过实验室。每年8月到9月，这座城市还会迎来一年一度的“热气球黄金飞行节”，其规模和影响力在美国都是屈指可数的。

TIPS

Colorado Springs, Colorado　★★★★

05 科罗拉多大峡谷

宏伟壮观的大峡谷风景

Village Loop Rd., Grand Canyon, AZ 86023 从大峡谷机场乘坐免费巴士到Flagstaff后乘坐旅游巴士即达 404-827-2300 10美元

★★★★★

科罗拉多大峡谷是美国最壮美的自然景观，这里由19个大小不一的峡谷组成，总面积达2700多平方千米。峡谷内的山岩经上千万年雨水冲刷而形成了各种神奇古怪的形状。从古生代到现代的所有地层就好像书本一样层层叠叠，因此这里也被称作地球历史的活教科书。人们身处其中能感到自然的伟大和自己的渺小，情不自禁地对大自然增添了不少敬畏。

看点01 宰恩国家公园

丰富的自然资源园

宰恩国家公园主要以宰恩峡谷为主。因为地处科罗拉多高原、大盆地与莫哈维沙漠地区的交界处，所以孕育出了它独特的地理环境和变化多端的生物群落。在公园内的沙漠、河岸、林地与针叶树林四个区域中生活着数百种动物，包括美洲狮、骡鹿、金雕加州秃鹫与大角羊等，每年都吸引着超过260万游客前来参观。

看点02 布赖斯峡谷国家公园

怪石嶙峋的石柱

布赖斯峡谷国家公园是一处地形变化多端的公园，这里到处都是各种天然形成的石柱，这些石柱造型多变，好像城堡、塔楼、桥梁、人物、动物等。而且岩壁上色彩变幻莫测，好像一条条的彩虹，令人惊叹不已。

看点03 ## 纪念碑山谷

宛如纪念碑的高大砂岩

纪念碑山谷占地12141公顷，在一望无际的荒原上突兀地矗立着一块块高大的砂岩，好似一块块纪念碑一样。这些砂岩形态多变，姿态万千，几乎没有两块是一模一样的。因此这里也被很多电影列为外景拍摄地。此外这里还是印第安保留区，有很多印第安人的传统遗迹。

看点04 ## 鲍威尔湖

美国第二大人工湖

位于犹他州和亚利桑那州交界处的鲍威尔湖是美国第二大人工湖，是以著名的探险家鲍威尔将军的名字命名的。在湖四周充满了各种红色的砂岩、奇异的拱门和高耸的峡谷，在碧波万顷的湖水映衬下显得别具风情。在湖上建有先进的水上娱乐中心，每年慕名而来的游客多达300万人。

看点05 ## 印第安遗址公园

众多古代遗迹

科罗拉多是著名的印第安传统区，在这里有很多古印第安人遗留的遗址。位于梅萨沃德的印第安遗址于1906年9月29日建成，这里保存着迄今最为完整的远古安那萨兹人的文化记录。在公园内的博物馆里珍藏着很多精美的史前器具，其中很多都是举世无双的精品，在这里可以跨越时间的界限，让自己穿梭在古今之间。

看点 06 阿切斯国家公园

自然天成的砂岩拱门

阿切斯国家公园位于犹他州东，因为这里众多自然形成的巨大砂岩拱门而闻名。这些拱门有大有小，数量在2000座左右。其中最著名的一座叫做幽雅拱门，这是犹他州的标志，在各种宣传资料上都能看到它的身影。此外这里还有魔鬼花园、双O拱门、熔炉之旅等多个著名景点，让人感受大自然的鬼斧神工之美。

06 科罗拉多州议会大厦 赏

丹佛市的标志

科罗拉多州议会大厦是整个科罗拉多州的政治中心，位于科罗拉多州的首府丹佛市。这座大厦使用当地盛产的大理石、缟玛瑙、砂岩和花岗岩建成，圆圆的屋顶仿造自华盛顿的国会大厦，上面镀满了纯金，是旧时这里淘金热的象征。至今这里依然是丹佛最引人注目的标志，也是来到丹佛最不能错过的景点之一。

TIPS

200 East Colfax Avenue, Denver, CO 乘公共汽车在Grant St. & 14th Ave.站下 303-866-2604 ★★★★★

07 丹佛美国造币厂 赏

生产硬币为主的造币厂

丹佛美国造币厂是美国四座造币厂之一，这里主要以生产硬币为主，美元中以“D”字开头的硬币就生产自这里。因为是特殊机构，所以想入内参观就要经过比较烦琐的过程，但是走进去就会觉得十分值得。在造币厂的游客中心人们可以兑换到最新版的美元硬币，还能买到各种印有美元图案的纪念品和用一分钱硬币制成的首饰。这些独特的小商品在别处可都是买不到的。

TIPS

320 W Colfax Ave. Denver, Colorado 乘公共汽车在Cherokee St. & W 14th Ave.站下 303-572-9500
★★★★

08 密西西比河 赏

美国的母亲河

Mississippi River, Memphis, TN, United States
★★★★★

密西西比河在古印第安语中的意思就是“河流之父”，这条大河全长6000多千米，居世界第四，滋润着美国超过41%的国土。密西西比河的上中下游分别有着不同的景致，上游河水中泥沙众多，河流奔腾咆哮，两岸都是壁立千仞的峡谷，十分险要。而到了中流则河道宽阔，利于航行。下游则是一马平川，水流舒缓，是灌溉农田的好地方。密西西比河就这样奉献着它的一切资源，成了美国最重要的母亲河。

09 新奥尔良 逛

美国重要的航运枢纽

新奥尔良是美国第二大港口，建于1718年，经过19世纪的迅猛发展，如今这里已经是美国最重要的航运中心之一。这里主要分为密西西比河港区、排洪渠道港区、其他运河水道和庞哈特雷恩湖港区三个部分，无论是对美国国内还是通过大洋对欧洲都有很繁忙的运输往来，将美国和世界连接在了一起。

TIPS

990 Port of New Orleans Pl. New Orleans, Louisiana
504-522-2551 ★★★★

10 黄石国家公园

世界最美的国家公园

TIPS

Yellowstone National Park, WY 307-344-7381 ★★★★★

黄石国家公园是世界上第一座国家公园，建于1872年，面积达8956平方千米。黄石河和黄石湖贯穿其间，有峡谷、间歇泉、地热温泉等景观，其中尤其以每小时都喷水一次的“老忠实泉”最为知名。公园里还生活着灰熊、狼、野牛和麋鹿等野生动物，让这里更显出一种独特的美感。1978年，黄石国家公园被列为世界文化遗产。

看点01 大棱镜温泉

色彩斑斓的温泉

大棱镜温泉也称大虹彩温泉，是世界上第三大温泉。这处温泉最大的特点就是水面的颜色会跟着季节的变化而变化，好像一座能折射出七色光镜的棱镜一般，十分漂亮。

看点02 黄石湖

公园内最大的内陆湖

黄石湖是黄石国家公园内最大的内陆湖，这里曾经是火山口，覆盖黄石公园土地的就是从这里喷出的岩浆和火山灰。奔涌的黄石河从湖中穿过，为这里带来了很多的水生生物。同时湖水也通过黄石河从黄石大峡谷流下，形成了举世闻名的黄石瀑布。湖周围草木丰茂，一片绿意盎然，是野营的绝佳去处。

看点03 黄石河

贯通公园的大动脉

黄石河是一条贯通黄石国家公园的河流，沿途历经黄石大峡谷、黄石湖等景点，一路上风景优美，是黄石公园内最吸引人的地方之一。此外这条河还广泛灌溉着大片的农田，是周边地区的生命大动脉。

看点04 化石森林

火山作用形成的自然奇观

化石森林是一种奇异的自然景观，是在火山作用下形成的，火山灰覆盖了成片的森林，其中的可溶性矿物质渗入树体，将整棵树化为化石。在黄石公园内就有大批的化石森林，其中最深的一片居然多达12层，而且树木化石上的枝叶和毬球果都能保持原状，十分神奇。

11 犹他州大盐湖 赏

神奇的盐湖

TIPS

Great Salt Lake, UT ★★★★★

犹他州大盐湖是世界上最大的盐水湖泊，位于犹他州西北部。由于四周群山围绕，没有河流与湖相通，所以这片盐湖的面积随着每年的降雨量会有很大的变化。而湖水中则蕴涵着大量的盐和其他稀有元素，可以说是天赐的大宝库。同时湖周围终年积雪，风景秀丽，有多个自然保护区，也是一处回归自然、放松身心的好地方。

12 大蒂顿国家公园

看壮观的冰川地形

TIPS

Craig Thomas Discovery and Visitor Center, Teton Park Rd., Moose, WY ☎307-732-0629 ★★★★★

大蒂顿国家公园位于怀俄明州西北部，这里到处都是壮观的冰川地形，其中最显眼的就是海拔4198米的大蒂顿山，围绕着它还有数十座海拔3000米以上的高大山峰，很受各方登山爱好者的喜爱。而在公园东部则有很多冰川融化形成的天然湖泊，湖周围则是一望无际的大草原，在这里生活着成群的美洲野牛、麋鹿和羚羊，有着一派美丽的草原风光。

看点01 大蒂顿山

神圣高大的雪山

大蒂顿山是大蒂顿国家公园内最主要的部分，海拔4198米，它的样子好像一座教堂的尖顶直冲云霄，山顶终年积雪，透出一种神圣的感觉。在山周围还有遗留下来的古代冰川，对于考察这里的地质成因有着很重要的意义。

看点02 杰克逊湖

公园内最大的湖泊

杰克逊湖是大蒂顿国家公园内诸多由冰川融化形成的湖泊中最大的一座，湖水最深处可达130多米。而且这里还汇集了附近的黄石国家公园南半部区域溪流的蛇河的河水，因此除了水量丰沛外，还对周围农田的灌溉起着举足轻重的作用。

13 休斯敦赫曼公园

为纪念传奇人物休斯敦而建的公园

休斯敦赫曼公园位于休斯敦市西南，这座城市本身是为了纪念在第二次英美战争中立下功勋的将军、得克萨斯共和国的第一任总统山姆·休斯敦而命名，而这座公园则是最主要的纪念场所。在公园的东门和西门外分别矗立着公园的资助者赫曼以及休斯敦的塑像，公园本身被得州医学中心、赖斯大学这些高等学府和各色博物馆所包围，具有浓厚的学术气息，加之其内绿树成荫，是人们娱乐消遣、坐而论道的好地方。

TIPS

6001 Fannin Street, Houston, TX 713-845-1000

★★★★

14 米勒露天剧院 娱

剧目丰富的露天剧院

米勒露天剧院位于休斯敦赫曼公园一侧，靠近自然科学博物馆和休斯敦的铜像。每年4月底到11月底的周末晚上，这里都会举行免费的交响乐、芭蕾舞、歌舞、爵士乐等表演，届时人们都会齐聚在米勒露天剧院后的山坡上，一边愉快地进行野营活动，一边聆听这里动人的演出，是全家一起聚会休闲的好去处。

TIPS

6000 Hermann Park Dr., Houston, TX 713-284-8351

★★★★

15 明湖

休斯敦人最喜爱的度假地

玩

TIPS

Clear Lake, Lowa ★★★★

明湖位于休斯敦市中心，这里是休斯敦人最喜爱的度假地。虽然名字叫做“湖”，但其实只是一处小小的海湾，在这里有很多港口、码头和防波堤，水里停泊着好多游船。游客们在这里可以租乘喷气艇，或尝试一下水上拖伞等活动。游客更可以前往这里的兰斯海龟俱乐部，这是一个在海上漂浮的酒吧，在里面能感受一边在水上漂荡一边在喝酒的快感。

16 阿斯托洛圆顶运动场

多功能室内运动场

TIPS

Reliant Park, 1 Reliant Park, Houston, TX 823-667-1400 ★★★★

阿斯托洛圆顶运动场是世界上最大的室内运动场，当它于1965年建成时，当地的人们还不敢相信这么大一座运动场居然还能用圆顶覆盖。在运动场内安装有完备的冷暖气系统，不管是棒球、足球、赛马活动，还是马戏团表演都可以在这里进行。在运动场一侧还有一个大型娱乐中心，展示欧洲各民族的传统风情。

17 休斯敦太空中心 赏

登月之路的起点

“休斯敦”这个名字在美国航空航天业有着特殊的意义，这里是全美最重要的控制中心，宇航员们在太空里一旦出现什么事态，第一句话肯定就是呼叫休斯敦。这里的休斯敦就是指休斯敦太空中心。如今这里专门开辟了游客参观区，在这里有登月返回舱、月球表面岩石等珍贵的物品，还有很多当年阿波罗计划的视频，让人们对那次人类历史上最伟大的飞行有很多的了解。

TIPS

2101 Nasa Parkway, Houston, TX 281-483-0123

★★★★★

18 赖斯大学 赏

最物美价廉的大学

赖斯大学是美国南方最好的高等学府，曾与杜克大学和弗吉尼亚大学相提并论，被人们誉为“南方哈佛”。在当下美国各个大学学费不断上涨的情况下，这里却一直都坚持着低廉的学费和丰厚的奖学金，加之这座大学实力雄厚，因此也成了美国最物美价廉的大学。同时这里交通便利，人们可以很方便地前往爵士乐俱乐部、艺术博物馆、自然科学博物馆，或是去墨西哥海湾的海滩放松休闲。

TIPS

5620 Greenbriar St. Houston, TX 乘公共汽车在Memorial Hermann/Houston Zoo Stn. SB站下 713-528-2145

★★★★

19 大雾山国家公园 玩

美国游人最多的国家公园之一

TIPS

107 Park Headquarters Road, Gatlinburg, TN 865-856-2445 ★★★★★

大雾山国家公园位于田纳西州和北卡罗来纳州交界处，这里是美国游人最多的国家公园之一，同时人们还能越过这里的蓝岭公路前往弗吉尼亚州的谢南多厄国家公园。这座公园占地20万公顷左右，它拥有3500多种独有的植物和许多濒临灭绝的动物，尤其这里有世界上最大的鲵群。此外这里还是多个原住民民族的家园，拥有悠久的文化历史。

看点01 阿巴拉契亚小径

跨越14个州的山间小径

阿巴拉契亚小径是一条沿着阿巴拉契亚山脉的山峰从缅因州的卡塔丁山到佐治亚州的斯普林格山的山间小径，这条小径穿越了美国14个州、8个国家森林和6个国家公园。在沿途可以看到多变的自然风光，和各种野生动物擦肩而过，享受在自然中漫步的乐趣。

看点02 Cataloochee

观察野生动物最好的地方

Cataloochee 是大雾山国家公园中观察野生动物最好的地方，不过想要进得这里来需要费一番工夫，人们需要取道田纳西州哈特福的一条碎石路，或是绕道走北卡罗来纳州戴乌德附近的Cove Creek路进入，不过沿途风景也十分优美，就算多费脚程也不会觉得疲劳。

圣哈辛托战场

纪念得克萨斯独立战争

TIPS

3527 Independence Parkway, La Porte, TX 281-479-2431 ★★★★

圣哈辛托战场是1836年得克萨斯的传奇人物休斯敦将军为了独立而率军和墨西哥大战的地方。经过这场战役，得克萨斯获得了独立并成立了得克萨斯共和国。如今这里是一座州立公园，公园中最显眼的部分当属那174米高的纪念塔，塔下是历史博物馆。人们可以通过电梯直上塔顶，放眼远眺美丽的得克萨斯风景。

21 阿拉斯加湾

赏

观看壮观的冰川美景

2 Marine Way # 230, Juneau, AK 907-586-1891

★★★★★

阿拉斯加湾位于阿拉斯加首府朱诺以南，这里是一处被冰川切割而形成的峡谷，如今这里还能看到冰川的遗迹，它们晶莹而蔚蓝，时常还能看到海豹在其间自由嬉戏。在这里能看到瀑布飞流直下倾泻入海以及冰川崩裂的壮观场景。人们可以乘坐游船和这些自然的奇迹做亲密接触，体验这来自大自然的伟大杰作。

22 迪纳利国家公园

荒凉的旷野景色

TIPS

Rte. 3, McKinley Park, AK ☎907-733-1042

★★★★★

迪纳利国家公园位于麦金利山和阿拉斯加山脉之间，这里和美国其他山地不同，在这儿看不到绿色森林，有的只是一望无际的旷野，显得别有一番韵味。因此各种野生动物也会毫无阻挡地出现在人们的面前，在这里经常可以看到孤独的狼、凶恶的小狼獾、笨拙的驼鹿、矫捷的狐狸，还有数不清的鸟类，是动物爱好者绝对不容错过的胜地。

* 麦金利山

崎岖难行的北美第一高峰

麦金利山位于迪纳利国家公园内，海拔6194米的它是北美洲第一高峰，山顶终年白雪皑皑，在广阔的大平原上显得雄壮而令人震撼。山间有一条弯弯曲曲的登山小路，不但崎岖难行而且常年还被白雪覆盖，是那些登山爱好者展现他们勇气和智慧的场所。

23 史凯威小镇 逛

怀旧的“北风之城”

史凯威小镇曾经是阿拉斯加最繁华的地方，被人们称作“北风之城”的小地方原本只有数百名居民，后来因为淘金潮涌入了大量的淘金人，这里的人口一下子就暴增到2万多人。如今这里还留存着大量淘金时期的遗迹，如木质的人行道、马车、旧式的沙龙等等，走在这里的木质道路上，宛如回到了百年之前，别有一番怀旧的韵味。

TIPS

Skagway Town, AK ★★★★

24 冰川湾国家公园 

五光十色的冰河景致

TIPS

3100 National Park Rd., Juneau 907-697-2230

★★★★

冰川湾国家公园位于阿拉斯加陡峭的群山之中，只能通过飞机和乘船进入。整座公园占地13000多平方千米，甚至比美国有些州还要大。公园里有无数的冰山，寒冷的冰河穿越其间，各类鲸鱼在里面喷水嬉戏，因纽特人划着他们标志性的皮划舟纵横驰骋。洁净的冰川在阳光的照射下显现出洁白、蔚蓝、碧绿或灰暗等多种色彩，让人叹为观止。

25 凯契根 逛

繁荣的鲑鱼之都

凯契根是阿拉斯加地区诞生的第一座城市，这里的城区被一座山峰一分为二，只能通过开辟的山间隧道往来。这条山间隧道的上面、两侧、里面都可以行车，甚至被收入了《吉尼斯世界纪录大全》中。凯契根另一大特色就是这里的鲑鱼，这儿是世界上著名的鲑鱼之都，满街都是出售鲑鱼的商店，人们在这里很轻松地就能享受到最新鲜的鲑鱼美味。

TIPS

Ketchikan, Juneau ★★★★

索引INDEX

A

B

C

D

E

F

G

L

M

T

W

X

《畅游美国》编辑部

编写组成员：

陈永　陈屿　崇福　褚一民　翠云　付佳
付捷　付国丰　高虹　管航　贵珍　郭颖
郭政　郭川　郭新光　韩成　韩栋栋　何明
欢欢　佳妮　佳莹　江业华　金晔　金波
孔莉　李濛　李春宏　李红东　李华　李建
李威　李星　李悦　李志勇　廖一静　林婷婷
林雪静　林芝　林芝　刘成　刘冬　刘华
刘军　刘艳　刘洋　刘博文　刘刚　刘桂芳
刘伟　刘霞　刘小风　刘晓馨　刘照英　吕示
马静　苗雪鹏　闵睿桢　娜娜　潘瑞　庞依
佩宏　彭雨雁　戚雨婷　若水　若欣　若云
莎莎　姗姗　诗诗　石雪冉　宋清　宋鑫
苏林　孙雅　谭临庄　汤淑芳　天姝　铁军
佟玲　王诺　王秋　王武　王勇　王玥
王含　王恒丽　王鹏　王晓平　王雪　王怡
王宇坤　王铮铮　未名　魏强　吴昌晖　吴昌宇
武宁　向伟　小丽　晓红　肖克冉　谢辉
谢群　谢蓉　谢震泽　谢仲文　徐聪　许睿
艳艳　杨武　杨晓　洋洋　姚婷婷　叶俊
于小慧　喻鹏　园园　翟丽梅　张爱琼　张春辉
张丽　张丽媛　张赢　赵婧　赵海　赵海菊
志锦　周晓　周昭　朱芳莉　朱国梁　朱俊杰

图书在版编目（CIP）数据

畅游美国/《畅游美国》编辑部编著. —北京：华夏出版社，2014. 8
（畅游世界）
ISBN 978－7－5080－8109－0
Ⅰ. ①畅… Ⅱ. ①畅… Ⅲ. ①旅游指南－美国 Ⅳ. ①K971. 29
中国版本图书馆CIP数据核字（2014）第086315号

畅游美国

作　　者　《畅游美国》编辑部
责任编辑　杨小英
责任印制　刘　洋

出版发行　华夏出版社
经　　销　新华书店
印　　刷　北京华宇信诺印刷有限公司
装　　订　三河市李旗庄少明印装厂
版　　次　2014年8月北京第1版　　2014年8月北京第1次印刷
开　　本　720×920　1/16开
印　　张　20
字　　数　300千字
定　　价　68.00元

华夏出版社　网址：www.hxph.com.cn　地址：北京市东直门外香河园北里4号　邮编：100028
若发现本版图书有印装质量问题，请与我社营销中心联系调换。电话：（010）64663331（转）